Steigern Sie Ihren Einfluss in den sozialen Medien auf Tik-Tok.

Steigern Sie Ihren Einfluss in den sozialen Medien auf Tik-Tok.

Serie "Einfluss der sozialen Medien"
von: Aaron Cockman
Version 1.1 ~Januar 2022
Veröffentlicht von Aaron Cockman bei KDP
Urheberrecht ©2021 von Aaron Cockman. Alle Rechte vorbehalten.

Kein Teil dieser Publikation darf ohne vorherige schriftliche Genehmigung der Herausgeber in irgendeiner Form oder mit irgendwelchen Mitteln, einschließlich Fotokopien, Aufzeichnungen oder anderer elektronischer oder mechanischer Methoden oder durch ein Informationsspeicher- oder -abrufsystem, vervielfältigt, verbreitet oder übertragen werden, mit Ausnahme sehr kurzer Zitate in kritischen Rezensionen und bestimmter anderer nichtkommerzieller Verwendungen, die nach dem Urheberrecht zulässig sind.

Alle Rechte vorbehalten, einschließlich des Rechts auf vollständige oder teilweise Vervielfältigung in jeder Form.

Alle Angaben in diesem Buch wurden sorgfältig recherchiert und auf ihre sachliche Richtigkeit überprüft. Der Autor und der Herausgeber übernehmen jedoch keine Garantie, weder ausdrücklich noch stillschweigend, dass die hierin enthaltenen Informationen für jede Person, jede Situation oder jeden Zweck geeignet sind, und übernehmen keine Verantwortung für Fehler oder Auslassungen.

Der Leser übernimmt das Risiko und die volle Verantwortung für alle Handlungen. Der Autor kann nicht für Verluste oder Schäden verantwortlich gemacht werden, die sich aus den in diesem Buch enthaltenen Informationen ergeben könnten.

Alle Bilder sind frei verwendbar oder von Stockfoto-Websites erworben oder lizenzfrei für die kommerzielle Nutzung. Ich habe mich bei der Erstellung dieses Buches auf meine eigenen Beobachtungen sowie auf viele verschiedene Quellen gestützt, und ich habe mein Bestes getan, um die Fakten zu überprüfen und die Quellen zu nennen, wo es angebracht ist. Sollte Material ohne entsprechende Erlaubnis verwendet worden sein, kontaktieren Sie mich bitte, damit das Versehen korrigiert werden kann.

Obwohl der Herausgeber und der Autor alle Anstrengungen unternommen haben, um sicherzustellen, dass die Informationen in diesem Buch zum Zeitpunkt der Drucklegung korrekt waren, und obwohl diese Publikation darauf abzielt, genaue Informationen zu den behandelten Themen zu liefern, übernehmen der Herausgeber und der Autor keine Verantwortung für Fehler, Ungenauigkeiten, Auslassungen oder sonstige Unstimmigkeiten in diesem Buch und lehnen hiermit jegliche Haftung gegenüber Dritten für Verluste, Schäden oder Störungen ab, die durch Fehler oder Auslassungen verursacht wurden, unabhängig davon, ob diese Fehler oder Auslassungen auf Fahrlässigkeit, Unfälle oder andere Ursachen zurückzuführen sind.

Diese Publikation ist als Quelle wertvoller Informationen für den Leser gedacht, sie ersetzt jedoch nicht die direkte Unterstützung durch einen Experten. Wenn eine solche Unterstützung erforderlich ist, sollten die Dienste eines kompetenten Fachmanns in Anspruch genommen werden.

Inhalt

Einführung. 6

Kapitel 1 9

Der entscheidende Leitfaden für TikTok-Influencer-Promotion..9

Kapitel 2 16

Psychologie der TikTok-Nutzung. 16

Kapitel 3 24

TikTok ist die am schnellsten wachsende Social Media Plattform. 24

Kapitel 4 30

Wie haben die sozialen Medien das Wachstum von TikTok unterstützt? 30

Kapitel 5 36

Funktionen und Trends von TikTok. 36

Kapitel 6 44

Kontroversen über TikTok. 44

Kapitel 7 51

Die Popularität von Tik-Tok und die Zukunft der sozialen Netzwerke. 51

Kapitel 8 60

Tik-Tok Engagement-Rate. 60

Kapitel 9 64

Trends und soziale Medien Gigant. 64

Kapitel 10 71

Vorteile und Nachteile von Tik-Tok. 71

Schlussfolgerung. 77

Einführung.

In China ist Tik-Tok, auch bekannt als Douyin, eine auf Videos fokussierte Social-Networking-Website, die Byte Dance gehört. Tik-Tok ist die weltweite Version von Douyin, die erstmals im September 2016 in China eingeführt wurde. Außerhalb des chinesischen Festlands wurde Tik-Tok 2017 für iOS und Android in den meisten Regionen eingeführt, war jedoch erst nach der Zusammenlegung mit einer anderen chinesischen Social-Media-Website, Musical.ly, am 2. August 2018 international verfügbar. Im September 2017 wurde Tik-Tok auf dem ausländischen Markt eingeführt. Am 23. Januar 2018 stand die Tik-Tok-App an der Spitze der kostenlosen App-Downloads in den App-Stores in Thailand und anderen Ländern. Tik-Tok wurde in den Vereinigten Staaten mehr als 130 Millionen Mal heruntergeladen und hat weltweit die Marke von 2 Milliarden Downloads überschritten. Im Jahr 2018 begannen Prominente wie Jimmy Fallon und Tony Hawk, die App in den Vereinigten Staaten zu nutzen.

TikTok und die National Football League (NFL) der Vereinigten Staaten gaben am 3. September 2019 eine mehrjährige Vereinbarung bekannt. Die Zusammenarbeit wurde nur zwei Tage vor der 100. Saison der NFL im Soldier Field bekannt gegeben, wo TikTok Feierlichkeiten für Fans zur Erinnerung an diesen Anlass sponserte. Die Beziehung umfasst die Einrichtung eines offiziellen NFL-TikTok-Kontos, das zusätzliche Marketingoptionen bietet, darunter gesponserte Videos und Hashtag-Challenges.

Nach weniger als vier Jahren Betrieb meldete TikTok, ohne Douyin, im Juli 2020 fast 800 Millionen monatlich aktive Nutzer weltweit. Die Nutzer der Tok-Tok-Smartphone-App können kurze Filme mit Musik im Hintergrund erstellen, die beschleunigt, verlangsamt oder mit einem Filter verändert werden können. Zusätzlich zur Hintergrundmusik können sie ihren eigenen Ton hinzufügen. Die Nutzer können mit der App ein Musikvideo erstellen, indem sie Hintergrundmusik aus verschiedenen Genres auswählen, mit einem Filter bearbeiten und ein 15-Sekunden-Video mit Geschwindigkeitsanpassungen aufnehmen, bevor sie es auf TikTok oder andere soziale Plattformen hochladen. Sie können auch kurze Videos mit Lippensynchronisation zu bekannten Liedern aufnehmen.

Die Nutzer können Videos in ihrem "Draughts"-Ordner speichern, um sie sofort hochzuladen. Die Nutzer können ihre "Entwürfe" ansehen und posten, wenn sie es für richtig halten. Die Nutzer können ihre Konten über die App "privat" machen. Beim ersten Herunterladen der App wird das Konto des Nutzers standardmäßig öffentlich gemacht. In den Einstellungen kann der Benutzer die Einstellung auf privat ändern. Vertrauliches Material ist auf Tok-Tok einsehbar, aber es ist vor TikTok-Nutzern verborgen, die keine Erlaubnis haben, es zu sehen. Die Nutzer können auswählen, ob andere Nutzer oder nur ihre "Freunde" über Kommentare, Nachrichten oder "Antwort"- oder "Duett"-Videos mit ihnen in Verbindung treten können. Unabhängig davon, ob das Konto privat ist oder nicht, können die Nutzer bestimmte Videos als "öffentlich", "nur für Freunde" oder "privat" kennzeichnen. Auf der ganzen Welt hat die App mehrere virale Trends, Internet-Superstars und Musiktrends hervorgebracht.

Musical.ly, das am 2. August 2018 mit TikTok fusionierte, hat viele Berühmtheiten hervorgebracht. Zu diesen Nutzern gehören Loren Gray, Baby Ariel, Kristen Hancher, Zach King, Lisa und Lena, Jacob Sartorius und andere. Grays TikTok-Konto war das erste, das 40 Millionen Follower auf der Seite erreichte. Mit 41,3 Millionen Followern wurde sie nun überholt. D'Amelio war die erste, die 50, 60 und 70 Millionen Follower auf Instagram überschritt. Bis jetzt war Charli D'Amelio die beliebteste Person auf der Plattform. Nach dem Zusammenschluss der Plattform mit musical.ly am 2. August 2018 sind auch andere Schöpfer bekannt geworden. "Challenges" ist eine weitere Funktion von TikTok, die mit Engagement korreliert und Menschen in der Gesellschaft zusammenbringt. Diese können sich auf ein beliebiges Thema beziehen, z. B. Tanzen oder das Zubereiten bestimmter Gerichte. Einzelpersonen werden Zeuge, wie andere etwas Aktuelles tun, und es verbreitet sich, bis es zu einem viralen Trend wird, der Menschen weltweit verbindet. Obwohl TikTok bisher hauptsächlich zur Unterhaltung genutzt wurde, könnte es auch für einen anderen Zweck verwendet werden. Als Karriereressource, mit dem Konzept, dass Arbeitssuchende Videos anstelle von traditionellen Lebensläufen einreichen würden. Das Formular ist wahrscheinlich ein Zusatz zur Stellensuche. TikTok hat in der Vergangenheit positive Ergebnisse mit Menschen erzielt, die die Plattform zur Arbeitssuche nutzen, und diese Nachfrage könnte wachsen, insbesondere bei jüngeren Generationen.

Kapitel 1

Der entscheidende Leitfaden für TikTok-Influencer-Promotion.

Ein wichtiger Aspekt des Internetmarketings, wie eigentlich des gesamten Marketings, ist die Ausrichtung auf die Personen, die Sie zu Ihren Kunden machen wollen. Beim Influencer-Marketing müssen Sie einen Schritt zurücktreten und sich auf die Personen konzentrieren, die Ihre Zielkunden ansprechen und ihr Verhalten beeinflussen. TikTok-Influencer können eine gute Wahl sein. Die wichtigste Funktion von TikTok ist, wie bei YouTube, das Teilen von Videos. Daher wird sich jeder TikTok-Influencer-Marketingplan auf Influencer konzentrieren, die Videos erstellen, teilen und gelegentlich live streamen, die für Ihr Unternehmen werben und es für ihre Follower in irgendeiner Weise attraktiv machen. TikTok, wie wir es kennen, begann als zwei unabhängige Anwendungen, die beide ihren Ursprung in China hatten. In China war es unter dem Namen Douyin bekannt, wurde aber im Ausland in TikTok umbenannt. Die meisten TikTok/Fans von Douyin waren zunächst in Asien ansässig. Musical.ly war die andere App. Wie TikTok/Douyin wurde sie von chinesischen Programmierern gegründet, gewann aber schnell eine große Anhängerschaft im Westen, insbesondere in den Vereinigten Staaten. Die Eigentümer von TikTok kauften Musical.ly im Jahr 2018. Außerhalb Chinas benannten sie die fusionierte App in TikTok um. In China verwenden sie jedoch weiterhin ihre ursprüngliche Douyin-App.

Hintergrund.

Zhang Yiming gründete Musical.ly im September 2016. Im November 2017 kaufte Beijing Bytedance Technology die App musical.ly und benannte sie in TikTok um. Diese App wurde innerhalb kurzer Zeit zur erfolgreichsten in China hergestellten App in Bezug auf die weltweite Verbreitung. Im November 20201 wurden achthundert Millionen monatliche Nutzer gezählt, für 2019 werden 738 Millionen Erstinstallationen erwartet. Die Nutzung von TikTok ist für Personen ab 13 Jahren erlaubt. Der direkte Nachrichtenaustausch zwischen Nutzern ist jedoch auf Personen ab 16 Jahren beschränkt. Die meisten TikTok-Nutzer in China sind unter 35 Jahre alt (81,68 Prozent).

Inzwischen haben die Programmierer von TikTok eine Version der App entwickelt, die ungeeignete Inhalte für junge Nutzer filtert, um Kinder und Jugendliche vor ungeeigneten Inhalten (wie Rauchen, Alkoholkonsum oder anstößiger Sprache) zu schützen. Die Inhaltsanalyse beschreibt die Gemeinsamkeiten und Unterschiede zwischen den beiden Anwendungen.

Ein wichtiger Aspekt der Plattform ist die TikTok-Anwendung, die für Android- und Apple-Geräte verfügbar ist und es den Nutzern ermöglicht, kurze Filme zu erstellen, um Playback-Videos zu verschiedenen Popsongs zu machen.

Diese "LipSync-Videos" können mit anderen Nutzern geteilt, für nicht-kommerzielle Zwecke heruntergeladen, kommentiert und natürlich "geliked" werden. TikTok-NutzerInnen reichen nicht nur Playback-Videos ein, sondern schauen sich auch eine Menge Videomaterial an. Die Nutzer können auch "Herausforderungen" stellen, d. h. sie geben vor, welche Leistung von vielen Menschen erbracht werden soll. Infolgedessen replizieren die TikTok-Zuschauer den Inhalt des Videos oder beschäftigen sich mit ihm. TikTok wurde aus Gründen des Datenschutzes, der Verbreitung von Hass und möglicherweise als Plattform für Cybermobbing angegriffen, wie die enormen Nutzerzahlen in kurzer Zeit zeigen. Angesichts der vielen jugendlichen Nutzer ist es wichtig, besser zu verstehen, warum Menschen TikTok und verwandte Themen nutzen. Eine kürzlich durchgeführte Studie zeigt, dass TikTok ein leistungsfähiges Medium sein kann, um junge Menschen über gesundheitsbezogene Informationen, offizielle Regierungsmitteilungen, politische Dialoge, touristisches Material, Live-Online-Transaktionen und sogar Bildungsinhalte zu informieren. Es wurden sogar Videobeiträge in einem wissenschaftlichen Artikel über Radiologie untersucht. Junge TikTok-Nutzer sind gesundheitsschädlichen Inhalten ausgesetzt, wie z. B. E-Zigaretten.

Wie in einem Artikel über Akne erwähnt, entsprechen die in TikTok-Videos enthaltenen

Gesundheitsinformationen häufig nicht den wesentlichen Kriterien. Schließlich werden bei der Erstellung von Material die privaten Schlafzimmer von Kindern/Jugendlichen, aus denen sie TikTok-Videos erstellen, für die Öffentlichkeit zugänglich, was möglicherweise in ihre Privatsphäre eindringt. Die verschiedenen ungünstigen Auswirkungen der TikTok-Nutzung sind an und für sich schon ein relevantes Thema für Studien. Aus psychologischer Sicht verfolgt die aktuelle Studie einen anderen Ansatz, um besser zu verstehen, warum Menschen TikTok nutzen, wer die Seite nutzt und wie Menschen TikTok nutzen.

Arbeitsweise von TikTok.

Die ursprüngliche Idee von Musical.ly war eine einfach zu bedienende Plattform, auf der vor allem junge Menschen Videos von sich selbst machen konnten, in denen sie ihre Lieblingssongs nachmachten, und die damit zu einem glorifizierten Karaoke-Vehikel wurde. Die beiden Anwendungen gingen nahtlos ineinander über, da das ursprüngliche TikTok das gleiche Grundprinzip hatte. In letzter Zeit haben sich die Dinge jedoch geändert, und Einzelpersonen reichen mehr einzigartige Filme ein, die ein breiteres Spektrum an Genres abdecken.

Obwohl einfache Karaoke-Filme immer noch auf der Website zu sehen sind, hat es einen großen Schub in Richtung anderer Videos gegeben, die viele Möglichkeiten für diejenigen bieten, die sich selbst ausdrücken wollen, sowohl als Einzelpersonen als auch als

Unternehmensvertreter. Die meisten Nutzer werden wahrscheinlich mit dem "Lauern" beginnen - sie schauen sich die Videos anderer an, identifizieren Kanäle, die ihnen gefallen, und folgen denen, zu denen sie zurückkehren möchten. Viele TikTok-Nutzer hingegen trauen sich, ein 15-Sekunden-Video zu verfassen und es im Laufe der Zeit zu veröffentlichen, damit die Welt es sehen kann. Ja, viele TikTok-Nutzer beginnen ihre Uploads immer noch mit einem Video von sich selbst, in dem sie zu ihrem Lieblingssong Lippenbewegungen machen. Sie können Ihre 15-Sekunden-Videos sogar zu längeren Videos kombinieren und so Ihre Möglichkeiten im TikTok-Influencer-Marketing erweitern.

Hauptnutzer von TikTok.

TikTok richtet sich hauptsächlich an Teenager. Kinder der Generation Z haben zwar Facebook-Profile, nutzen diese aber nur selten. TikTok hat auch eine starke weibliche Präsenz. Dies ist wahrscheinlich auf einen Interessenkonflikt zurückzuführen. TikTok ist nicht sehr beliebt; Gamer übertragen lieber auf Twitch.

Arten von Inhalten, die auf TikTok gut ankommen.

Wie bei YouTube sind die von den Nutzern geteilten Videos das Herzstück von TikTok. Je interessanter die Videos sind, desto besser werden sie von den Zuschauern aufgenommen. Im Gegensatz zu YouTube sind die Videos oft kurz und vertikal aufgenommen, was der Haltung der meisten Nutzer entspricht. Auf TikTok kommen selbstgemachte Musikvideos weiterhin gut an.

Coverversionen sind nicht immer so beliebt wie Originalsongs. Im Vergleich zu anderen Videoformen bieten sie jedoch wahrscheinlich weniger Möglichkeiten, Werbebotschaften zu übermitteln. Auf TikTok gibt es jetzt mehr Nicht-Musikvideos. Viele von ihnen sind lustig. Kurze Komödien, Krimi-Videos, Mode- und Schönheitsempfehlungen, Lebensmitteldemos und sogar kurze Ausschnitte von sportlichen Aktivitäten gehören zu den anderen Optionen.

Der schlimmste Fehler, den Sie auf TikTok machen können, ist das Hochladen von Videos, die wie eine herkömmliche Werbung aussehen. Versuchen Sie nicht, ein Drehbuch für Ihre Influencer zu schreiben. Im Kern ist Influencer Marketing ähnlich wie Storytelling. Sie sollten Ihren Influencern reichlich Spielraum lassen, um Ihren Followern Ihre Botschaft auf echte Weise zu vermitteln. Wenn die Filme, in denen Ihre Produkte beworben werden, anders gestaltet sind als die normalen Videos der Influencer, werden die Follower des Influencers wahrscheinlich negativ reagieren.

TikTok für Influencer Marketing nutzen.

Auf TikTok müssen Sie, wie auch bei anderem Influencer- und Social-Media-Marketing, vermeiden, als übermäßig aufzufallen. Das gilt insbesondere angesichts der jugendlichen Kundschaft von TikTok. Marken haben lange damit zu kämpfen, die Generation Z anzusprechen, weil sie alles ablehnen, was an traditionelle Werbung erinnert - die Zusammenarbeit mit Influencern, deren

Fangemeinde zu Ihrer Zielgruppe passt, ist der Schlüssel zum Erfolg auf TikTok, wie bei jedem Influencer-Marketing. Wenn Sie also trendige Accessoires für Tweens und Jugendliche anbieten, sollten Sie Influencer Marketing zu Ihrem Vorteil nutzen. TikTok-Marketing ist im Allgemeinen keine sinnvolle Investition, wenn Sie Heimwerkerbedarf verkaufen. Sie müssen nicht unbedingt Influencer-Marketing einsetzen, um auf TikTok zu werben. Es hat eine Weile gedauert, bis TikTok es eingerichtet hat, aber jetzt gibt es eine richtige Werbestruktur. Sie können auch ein TikTok-Konto Ihres Unternehmens nutzen, um sich selbst zu vermarkten. Wie bei vielen anderen Social-Media-Plattformen kann es jedoch schwierig sein, eine ausreichend große Fangemeinde aufzubauen, damit Ihre Markenbotschaft auf TikTok gehört wird. Dies gilt insbesondere für die meisten Unternehmen, die kein Team mit der gleichen Demografie wie ihre Zielgruppe haben und sich schwer tun, ein Unternehmenskonto zu verwalten.

Auswahl der richtigen Influencer für die Marke.

Wählen Sie die TikTok-Influencer mit den für Ihre Ziele relevantesten Zielgruppen und nicht die mit den meisten Followern. Sie müssen die ausgewählten Influencer kontaktieren und eine Beziehung zu ihnen aufbauen, sobald Sie Ihre Liste eingegrenzt haben. Jede Vereinbarung, die Sie treffen, muss für Ihre Influencer akzeptabel sein. Sie werden sich erst dann engagieren, wenn sie einen Nutzen für ihre Follower sehen.

Kapitel 2

Psychologie der TikTok-Nutzung.

Warum benutzen Menschen TikTok?

Diese Frage kann auf verschiedene Weise beantwortet werden. Montag und Hegelich bieten einen Standpunkt an, der die erste Antwort liefert und wahrscheinlich für die meisten Social-Media-Plattformen zutreffend ist. Social-Media-Unternehmen haben Systeme entwickelt, die sehr eindringlich sind, um die Aufmerksamkeit der Nutzer so lange wie möglich zu erhalten. Durch die lange Verweildauer der Nutzer erhalten Social-Media-Firmen umfassende Einblicke in die psychologischen Merkmale ihrer Nutzer, die für das Microtargeting genutzt werden können. Nutzer mit bestimmten Merkmalen können aufgrund der immersiven Gestaltung der Plattform eine problematische Nutzung sozialer Medien oder von TikTok (süchtig machendes Verhalten) an den Tag legen. Dieses Element der TikTok-Nutzung ist jedoch noch nicht ausreichend erforscht. Design-Faktoren wie "Likes", maßgeschneidertes Material und ein unendliches Angebot an zugänglichen Inhalten fördern jedoch mit großer Wahrscheinlichkeit die TikTok-Nutzung. Die "For You"-Seite (Landing Page) von TikTok lernt mithilfe künstlicher Intelligenz, was die Nutzer bevorzugen, was zu einer längeren TikTok-Nutzung führt, als der Nutzer geplant hatte, was vielleicht zu zwanghaftem Verhalten in Bezug auf TikTok auf dem Smartphone führt. Zur Untermauerung dieser Behauptungen sind jedoch noch aktuelle Forschungsarbeiten erforderlich, die sich ausschließlich auf TikTok konzentrieren. In diesem Bereich untersuchte eine kürzlich durchgeführte Studie weniger untersuchte Faktoren, darunter die Ich-Perspektive der Kamera und die Auswirkungen von Humor auf entscheidende Variablen wie Immersion und Unterhaltung auf der TikTok-Plattform, die alle für die Verlängerung der Verweildauer der Nutzer relevant sind.

Ein weiterer Ansatz, um zu verstehen, warum Menschen TikTok nutzen, ist die Betrachtung durch die Brille der Nutzungs- und Befriedigungstheorie. Die Grundannahme dieser äußerst wichtigen Theorie ist, dass einige Medien die Bedürfnisse einer Person befriedigen können. Nur wenn die entsprechenden Bedürfnisse durch ein bestimmtes Medium befriedigt werden, würden die Verbraucher dieses Medium weiter nutzen - in diesem Fall eine digitale Plattform oder soziale Medien. Laut einer aktuellen Studie von Bucknell Bossen und Kottasz war die Befriedigung von Unterhaltungs- bzw. affektiven Bedürfnissen der wichtigste Antrieb für das Verständnis einer Reihe von TikTok-Aktivitäten, einschließlich des passiven Konsums von Material und der Erstellung von Inhalten sowie der Verbindung mit anderen. Die Autoren kamen zu dem Schluss, dass das Engagement auf TikTok von dem Wunsch angetrieben wurde, das eigene soziale Netzwerk zu vergrößern, Popularität zu erlangen und sich künstlerisch auszudrücken. In der jüngsten Arbeit von

Omar und Dequan wurde die Theorie von Nutzen und Befriedigung verwendet, um die Nutzung von TikTok besser zu erklären. In ihrer Studie wurde festgestellt, dass Eskapismus ein starker Prädiktor für den Konsum von TikTok-Inhalten ist, während Selbstdarstellung sowohl mit der Teilnahme als auch mit der kreativen Tätigkeit in Verbindung gebracht wurde. Die Studie von Shao und Lee nutzte nicht nur die Nutzungs- und Befriedigungstheorie, um die TikTok-Nutzung besser zu verstehen, sondern gab auch Aufschluss über die Zufriedenheit der TikTok-Nutzer und ihre Absicht, TikTok auch in Zukunft zu nutzen. Unterhaltung/Information sowie Kommunikation und Selbstdarstellung wurden als relevante Nutzungsgründe anhand der Erkenntnisse aus den zuvor genannten Publikationen erforscht. Die Zufriedenheit mit TikTok wurde als Vermittler zwischen verschiedenen Motiven für die Nutzung von TikTok und die weitere Nutzung untersucht. Wir erörtern auch neue Forschungsergebnisse, die keinen Zusammenhang zwischen der Nutzung von TikTok und der Zufriedenheit, ob positiv oder negativ, feststellen konnten. In diesem Zusammenhang sollten wir auch den Standpunkt von Shao hervorheben, der besagt, dass junge Menschen TikTok nutzen, um sich in ihrer Peer-Gruppe zu positionieren und zu verstehen, wo sie stehen. Folglich ist TikTok wichtig für die Identitätsbildung und das Selbstfeedback junger Menschen.

Macht kann ein wichtiger Motivator für die Nutzung sozialer Medien sein, da man damit viele Menschen erreichen und beeinflussen kann. Andere Theorien, wie die Theorie der sozialen Auswirkungen und die Selbstbestimmungstheorie, können helfen zu erklären, warum Menschen die TikTok-Plattform nutzen. Soweit wir wissen, sind diese Theorien in Bezug auf die Nutzung von TikTok empirisch noch nicht gut untersucht worden. Dennoch werden sie als relevant für das Verständnis der Nutzung sozialer Medien im Allgemeinen angesehen und daher diskutiert. In diesem Zusammenhang zielt Latanés berühmte Social Impact Theory (SIT) darauf ab, herauszufinden, wie man den Einfluss von Menschen auf eine bestimmte Person oder Personen effektiv bewerten kann. Diese Theorie aus der Zeit vor dem Social-Media-Zeitalter hat mit dem Aufkommen von Social-Media-Diensten viel an Zugkraft gewonnen, weil es interessant ist zu verstehen, wie andere Menschen einzelne Nutzer auf Social Media sozial beeinflussen, zum Beispiel im Bereich ihrer (politischen) Einstellungen, insbesondere im Zeitalter von Filterblasen, Fake News und Desinformationskampagnen. Das SIT schlägt drei äußerst wichtige Faktoren zur Vorhersage sozialer Auswirkungen vor: Stärke, Unmittelbarkeit und Quantität (der Quellen). Schließlich ist es wichtig, bei der Nutzung dieses Konzepts zum besseren Verständnis der TikTok-Nutzung zu bedenken, dass sich die aktive und passive Nutzung der Nutzer unterscheidet.

Ryan und Deci begründeten die Selbstbestimmungstheorie (SDT), eine der wichtigsten Motivationstheorien für menschliches Verhalten. Nach der SDT sollte die Motivation hoch sein, wenn eine Plattform den Nutzern das Gefühl gibt, kompetent, autonom und mit anderen verbunden zu sein. Dabei spielen individuelle Unterschiede eine Rolle, die als nächster wichtiger Bereich in dieser Arbeit diskutiert werden sollen. Das Design der

Plattform kann dazu beitragen, damit zusammenhängende psychologische Zustände auszulösen (z. B. können Push-Benachrichtigungen die Angst auslösen, etwas zu verpassen und somit nicht mit wichtigen anderen verbunden zu sein); dabei spielen jedoch individuelle Unterschiede eine Rolle, die als nächster wichtiger Bereich in dieser Arbeit diskutiert werden sollten. Die Anwendung der SDT, um die TikTok-Nutzung besser zu verstehen, muss, wie die SIT, verschiedene Arten der TikTok-Nutzung berücksichtigen. Wenn Nutzer TikTok aktiv oder passiv nutzen, kann ihr Gefühl der Selbstbestimmung unterschiedlich stark ausgeprägt sein - ein interessanter Untersuchungsgegenstand.

Wer nutzt TikTok und wer nicht?

Den oben genannten Fakten zufolge sind die Nutzer von TikTok häufig jung. Laut Bucknell Bossen und Kottasz scheinen sich junge Menschen in dem Netzwerk besonders zu engagieren und eine Vielzahl von Informationen beizusteuern. Da sich vor allem junge Nutzer häufig nicht über die Folgen ihrer Selbstdarstellung im Klaren sind, ist es wichtig, diese gefährdete Bevölkerungsgruppe besser vor den negativen Auswirkungen der Nutzung sozialer Medien zu schützen. Abgesehen vom Alter zeigen die Daten, dass mehr Mädchen als Männer die Plattform nutzen5, was auch für andere Plattformen gilt. Erstens geben Erkenntnisse aus der Persönlichkeitspsychologie Aufschluss über die Zusammenhänge zwischen den Eigenschaften der TikTok-Nutzer und der Art und Weise, wie sie die App nutzen. Offenheit für Erfahrungen, Gewissenhaftigkeit, Extraversion, Verträglichkeit und

Neurotizismus, alles weit verbreitete Persönlichkeitsmerkmale, waren alle stark mit dem Produktions-, Teilnahme- und Konsumverhalten auf TikTok verbunden, mit Ausnahme von Verträglichkeit, die nur mit dem Konsumverhalten verbunden war. Unter Verwendung eines hierarchischen Regressionsmodells, das Persönlichkeitsmerkmale und Gründe aus der Nutzungs- und Zufriedenheitstheorie einbezog, wurde deutlich, dass die letzteren Variablen bei der Vorhersage der TikTok-Nutzung wichtiger waren als die Persönlichkeitsvariablen. Sie entdeckten unter anderem, dass diejenigen, die die Nutzung von DouYin vermieden, dies aus Angst davor taten, von dem Programm "süchtig" zu werden. Das Big-Five-Persönlichkeitsparadigma muss noch genauer untersucht werden. Zweifellos wird es von entscheidender Bedeutung sein, besser zu verstehen, wie soziodemografische und psychologische Merkmale mit der TikTok-Nutzung interagieren, und zwar sowohl im Hinblick auf die aktive als auch die passive Nutzung der Website. Die aktive Nutzung bezieht sich auf ein hohes Maß an Interaktion mit der Website, wie z. B. das Kommentieren und Posten von Videos. Die passive Nutzung spiegelt sich im Anschauen und Konsumieren von Videos wider.

Wie benutzen die Leute TikTok?

Laut einer aktuellen Studie über "soziale Medien(nutzung) und Wohlbefinden" sind mehrere psychologische Prozesse wie der soziale Vergleich nach oben (der auch bei so genannten "Challenges" auf TikTok auftreten kann) und die Angst, etwas zu verpassen, mit einem negativen Affekt verbunden und können negative Folgen für die Nutzungserfahrung und das Leben der TikTok-Nutzer im Allgemeinen haben. Insgesamt ist der psychologische Einfluss der TikTok-Plattform sehr plausibel, vor allem, wenn Teenager häufig ihre Prominenten in "Lip Sync-Videos" kopieren. Die Auswirkungen eines solchen Verhaltens auf die Bildung der eigenen Identität und des Selbstwertgefühls (Selbstvertrauen) werden ein Thema intensiver psychologischer Debatten sein. Es ist jedoch noch zu früh, um über mögliche psychologische Auswirkungen zu spekulieren, sowohl im positiven als auch im negativen Sinne. Zusammenfassend lässt sich sagen, dass vieles von dem, was wir über Plattformen wie Instagram, Facebook, WhatsApp und sogar WeChat wissen, im Kontext von TikTok erforscht werden muss, um zu sehen, ob psychologische Erkenntnisse, die für andere Social-Media-Kanäle gewonnen wurden, "eins zu eins" auf TikTok angewendet werden können.

Wenn Sie TikTok öffnen, werden Sie mit einem maßgeschneiderten Videostream begrüßt. Im Gegensatz zu anderen Plattformen argumentieren Bhandari und Bimo in ihrer Untersuchung von TikTok, dass "der Kern der Interaktion nicht zwischen Nutzern und ihrem sozialen Netzwerk stattfindet, sondern zwischen einem Nutzer und einer, wie wir es nennen, 'algorithmisierten' Version von sich selbst", wobei sie die Unterschiede zwischen den verschiedenen Social-Media-Plattformen hervorheben. Daher halten wir es für zweifelhaft, dass sich alle Erkenntnisse aus der Social-Media-Forschung ohne Weiteres auf TikTok übertragen lassen, denn es ist bekannt, dass jede Social-Media-Plattform ihr eigenes Design hat, das verschiedene Nutzergruppen anspricht und ein unterschiedliches Immersions- oder "Suchtpotenzial" hervorruft.

Kapitel 3

TikTok ist die am schnellsten wachsende Social Media Plattform.

Auf den beliebten Social-Media-Plattformen können die Nutzer Videos mit einer Länge von 15 Sekunden bis zu einer Minute erstellen und teilen. Wie das viel bekanntere Vine hat auch TikTok seit seiner Einführung nicht aufgehört zu wachsen. Das Wachstum war alles andere als langsam. Im Jahr 2017 war es im Apple Store und bei Google Play für Nutzer aus aller Welt zugänglich. Im Laufe des Jahres 2018 begann der exponentielle Anstieg der Nutzerzahlen. Durch den geschickten Einsatz von Bearbeitungsfunktionen, Musik und Filterwerkzeugen erstellen TikTok-Nutzer Videos mit Millionen von Ansichten und Millionen von Nutzern. Die zehn beliebtesten Konten haben mehr als 20 Millionen Follower und gehören prominenten Persönlichkeiten in den sozialen Medien. Viele Prominente haben ihre Anhängerschaft ausschließlich durch TikTok-Inhalte gewonnen. TikTok beherbergt derzeit 700 Millionen aktive Nutzer pro Monat und gehört damit zu den fünf beliebtesten Social-Media-Plattformen. Wir sind sicher, dass die Zahl von einer Milliarde Nutzern eher früher als später überschritten werden wird.

Der Grund für die Beliebtheit von TikTok.

Viele fragen sich, warum TikTok so bekannt ist und Vine es mag und eingestellt hat. Es können verschiedene Gründe angeführt werden, aber die Einführung von TikTok und Vine spielte eine große Rolle. Vine wurde früher eingeführt, und zum Beispiel gab es die Instagram-Story noch nicht. Dank des Aufkommens von Instagram Stories und Snapchat können die Nutzer nun ihr Leben besser aufzeichnen, und wir können getrost sagen, dass dies den Weg für TikTok geebnet hat. Vine hatte jedoch nicht so viel Glück. Die Smartphones haben sich weiterentwickelt, und es ist für die Menschen heute viel einfacher als früher, Beiträge zu schreiben. TikTok ist auch technisch fortschrittlicher als Vine und es ist einfacher, relevante Inhalte zu finden, und es ist auch viel benutzerfreundlicher und. Ein Byte ist ein Byte, das als offizieller Ersatz für Vine angesehen werden kann, das langsam wieder auf den Markt kommt, und wir werden beobachten können, wie weit es es bringen kann. Der Fokus liegt definitiv auf einer anderen Art von Inhalten als bei TikTok, wenn wir uns die beiden ansehen. Einige weitere Gründe, warum TikTok so beliebt ist:

- Die Attraktivität von TikTok-Inhalten
- "Für Sie" Seite "Für Sie" Seite
- TikTok-Herausforderungen
- Viele ältere Nutzer nehmen an TikTok teil
- Zahlreiche Prominente werden berühmt.
- Die Anziehungskraft von TikTok-Inhalten.

Das ist vielleicht der wichtigste Grund: die Länge der Videos. Sie können 15 bis 60 Sekunden lange Videos erstellen. Das gibt ihnen die Flexibilität, die sie sich wünschen. Die Videos waren nur sechs Sekunden lang. Ein weiterer Vorteil von TikTok ist, dass man Videos jeder Art erstellen kann, mit jeder Musik, die man liebt, ob Tanzen, Lippensynchronisation oder Tricks; man kann fast alles selbst oder mit Freunden erstellen. Was TikTok so attraktiv macht, ist die Möglichkeit zum Remixen. Die Nutzer können die Videos anderer Nutzer verwenden und dann ihre eigenen Videos hinzufügen, indem sie entweder deren Handlungen nachahmen oder Witze erfinden. Die Kette kann eine Zeit lang fortgesetzt werden, und die Nutzer können die Kette so lange laufen lassen, bis das Filmmaterial kompliziert und unübersichtlich wird. Da sie erst in den letzten Tagen ein Werbesystem eingeführt haben, ist es noch nicht so unausstehlich wie bei Instagram, Facebook und Instagram, was der Grund dafür sein könnte, dass es so bekannt ist. Wenn Social-Media-Plattformen anfangen, die Nutzer mit Werbung zu überschwemmen, könnten sie die Nutzer leicht vergraulen. Wenn sie sich etwas Neues einfallen lassen, können sie sicher sein, dass sie schnell ein paar weitere Millionen Menschen anziehen.

"Für Sie"-Seite auf der "Für Sie"-Seite von TikTok.

Die "For You"-Seite oder die "For you"-Seite, auch bekannt als FYP, hat einen großen Anteil am Wachstum von TikTok. Es handelt sich dabei um einen von KI gesteuerten Entdeckungs-Feed. Der einzigartige Algorithmus von KI präsentiert Ihnen die interessantesten Inhalte, die Ihren Interessen entsprechen. Der Algorithmus achtet darauf, was Sie lesen, ansehen oder kommentieren, welche Inhalte Ihnen gefallen und welche Beiträge Sie verfassen. Ein weiterer Aspekt, den der Algorithmus berücksichtigt, sind die Interessen der Personen, die Ihre Videos ansehen, die am ehesten mit Auswahlmöglichkeiten wie "häufig zusammen gekauft" übereinstimmen. Der Algorithmus wird ständig verbessert und befindet sich derzeit auf einem hohen Niveau. Wir sollten also den Machern dankbar sein, die eine wunderbare Arbeit geleistet und Hunderte von Millionen von Nutzern angelockt haben.

TikTok-Herausforderungen.

Erinnern Sie sich noch an die Zeit, als es eine Flut von seltsamen YouTube-Challenges gab? Damals, als man sich selbst mit Zimt vollgestopft und extrem scharfe Paprika essend aufgenommen hat? Wenn du denkst, dass diese Zeit vorbei ist, ist sie es nicht. Auch auf YouTube und TikTok werden immer noch Challenges ausgetragen. Im Jahr 2018 hat Jimmy Fallon die #TumbleweedChallenge ins Leben gerufen, bei der Menschen sich selbst dabei aufnehmen sollten, wie sie sich wie Tumbleweeds auf dem Boden wälzen, während im Hintergrund Westernmusik läuft. Die Herausforderung brachte ihm viel Aufmerksamkeit ein (nicht, dass er sie nötig gehabt hätte); viel wichtiger ist jedoch, dass sie den neuen TikTok-Trend auslöste. Stellen Sie sich vor, ein Unternehmen initiiert eine beliebte Herausforderung. Fallon ist bereits ziemlich berühmt, und er verkauft nicht einmal etwas, aber wenn eine Marke die gleiche Herausforderung annimmt, würde das ihren Umsatz steigern und ihr Image verbessern. Wenn die Marke nicht bekannt genug ist und keine große Fangemeinde hat, könnte der Prominente, den sie engagiert, einen Wettbewerb für sie starten.

Eine wachsende Zahl älterer Nutzer schließt sich TikTok an.

Die Vergangenheit wiederholt sich immer wieder. Was mit Facebook passiert ist, passiert auch mit TikTok. Eine wachsende Zahl älterer Nutzer tritt TikTok bei, sei es nur zum Vergnügen oder um für ihr Unternehmen zu werben. Ich habe mir einige Videos über das Wachstum und den Erfolg von TikTok angesehen, und beim Durchblättern der Kommentare sah ich Personen im späten Alter von 30 oder 40 Jahren, manchmal sogar noch älter. Sie sprachen darüber, wie sie TikTok-Konten einrichten und damit für ihre Unternehmen werben. Obwohl Jugendliche versuchen, sich von ihren Eltern zu lösen, ist das fast unmöglich. Das ist sicherlich der Grund dafür, dass TikTok so bekannt ist. Die Experten für soziale Medien erstellen Videos darüber, wie schnell und einfach es ist, Hunderte von TikTok-Followern zu bekommen. Außerdem sind ältere Nutzer, insbesondere Unternehmen, begierig darauf, sich zu beteiligen.

Plus, und mehr berühmte Leute.

TikTok-Stars besitzen die Konten mit den meisten Followern auf TikTok. Allerdings machen mehr berühmte Leute TikTok. Auf TikTok sind Will Smith, Jason Derulo, Britney Spears, Selena Gomez, Mariah Carey, Justin Beiber, Miley Cyrus, Alex Rodriguez und zahlreiche andere. TikTok, weil viele Menschen, die bisher noch kein

TikTok-Konto hatten, eines erstellen, wenn ihre Lieblingsprominenten Nutzer einladen, sich anzumelden.

Verträge zwischen TikTok Brands, Influencern und Influencern.

Wenn die Marke und der Influencer einen Vertrag unterzeichnen, beginnt der Influencer, die Marke in seine Videos einzubinden und das Produkt einem Millionenpublikum vorzustellen.

Kapitel 4

Wie haben die sozialen Medien das Wachstum von TikTok unterstützt?

TikTok ist da, um zu bleiben. Das bedeutet, dass es wahrscheinlich 10 Jahre lang genutzt werden wird. Tun Sie also Ihr Bestes, um Ihr Profil auf TikTok im Jahr 2021 so perfekt wie möglich zu halten. Um dies effektiv zu erreichen, müssen Sie einen Plan entwickeln. Ein effektiver TikTok-Plan für Inhalte im Jahr 2021 muss Folgendes beinhalten:

➜ Hashtags
➜ Anleitungen
➜ Inhalte für Menschen mit Behinderungen
➜ Cross-Posting
➜ Hashtags.

Es wird erwartet, dass Hashtags und Hashtag-Challenges bis 2021 an Beliebtheit und Bedeutung gewinnen werden. Sie sind eine großartige Methode, um die Öffentlichkeit zu erreichen und die Reichweite Ihres Publikums weiter zu erhöhen. Wenn Sie auf "Entdecken" oder die "Entdecken"-Lupe unten rechts auf Ihrem Bildschirm klicken, sehen Sie die Liste der Videos, die nach den beliebtesten Hashtags sortiert sind. Denken Sie daran, dass Sie nicht so viele Hashtags wie auf Instagram und Facebook verwenden sollten, da dies das Aussehen Ihres TikTok-Videos beeinträchtigen würde. Deshalb sollten Sie bei der Wahl des Hashtags besonders vorsichtig sein. Erstellen Sie eine Hashtag-Challenge, die sich positiv auf die Engagement-Raten auswirken wird. Wenn Sie TikTok für Ihre Geschäfte nutzen, ist dies eine großartige Möglichkeit, den Bekanntheitsgrad Ihrer Marke zu steigern.

Es gibt organische und gesponserte Hashtag-Challenges.

Anleitungen.

Tutorials und Hacks, die sich auf Ihr Fachgebiet beziehen, sind die beste Methode, um die Zahl der Follower, die Ihnen folgen, zu erhöhen. Unabhängig von Ihrem Thema sollten Sie Ihr Tutorial mindestens jede Woche veröffentlichen. Die Erstellung eines Video-Tutorials für TikTok ist schwieriger, da die verfügbare Zeit begrenzt ist und Sie alles in kurzer Zeit vermitteln müssen. Vergessen Sie nicht alle wichtigen Schritte des Kurses, aber seien Sie weniger spezifisch, als wenn Sie ein YouTube-Anleitungsvideo aufnehmen. Wenn Sie Tutorials verwenden, zeigen Sie Ihren Zuschauern, dass Sie sich um sie kümmern und ihnen helfen wollen.

Inhalte für Menschen mit Behinderungen.

Etwa 1 Milliarde Menschen haben eine Behinderung. Wahrscheinlich wussten Sie das nicht einmal. Sie müssen sicherstellen, dass Ihre Inhalte bis 2021 zugänglich sind. Wenn Sie Ihre Inhalte behindertengerecht gestalten, können Sie die Zahl der Menschen, die sich Ihre

Inhalte ansehen, deutlich erhöhen. Es ist eine Verpflichtung, denn behinderte Menschen verdienen es, alle Vorteile zu genießen, und das gilt auch für Menschen mit Behinderungen. Vergessen Sie nicht, sie bei der Aufnahme Ihres nächsten TikTok-Videos einzubeziehen.

Cross-posting.

Wir haben das Cross-Posting in unserem Blog schon oft als einen äußerst wichtigen Aspekt erwähnt, den Sie in Ihre Social-Media-Marketingstrategie einbeziehen sollten. Laden Sie mit uns Ihre TikTok-Videoclips mit Ihren Followern auf Instagram, YouTube, Snapchat oder wo auch immer Sie glauben, dass die Nutzer sie sehen werden, hoch. Cross-Posting ist auch eine Möglichkeit, für einen neuen Artikel oder ein ähnliches Produkt zu werben, indem Sie einen Teaser-Post auf einer Social-Media-Website und dann einen Pre-Post auf einer anderen Website posten und darüber berichten, wie die Markteinführung stattfand.

Soziale Medien unterstützten das Wachstum von TikTok?

Die Popularität der TikTok-Anwendung lässt sich auf eine erfolgreiche Social-Media-Marketingstrategie zurückführen, die ein großes Publikum anzieht. Sie ist vollgepackt mit lustigen Clips von Menschen, die Lieder singen, lustige Sketche aufführen und ihre besten Inhalte teilen. Die Tik Tok-App hat es geschafft, viel Aufmerksamkeit zu erregen. Ein Monopol in der digitalen

Welt zu haben, ist keine einfache Aufgabe. Facebook, Instagram und YouTube beherrschen diesen Markt schon seit geraumer Zeit und lassen die Tür für alternative Social-Media-Plattformen offen. Tik Tok hat jedoch die Aufmerksamkeit der jüngeren Nutzerinnen und Nutzer auf sich gezogen, so dass die Zahl der Nutzerinnen und Nutzer jeden Tag rapide ansteigt. Das Geheimnis der Beliebtheit und des Erfolgs der Anwendung liegt in ihrem Aussehen und der Wahl der Plattform. Dieses Kapitel erzählt die faszinierenden Hintergründe über die Tik Tok-App und was sie so beliebt macht.

Eine Geschichte über eine einfache, aber leistungsstarke Anwendung.

Tik Tok-Videoinhalte sind weltweit im Trend und haben das Interesse der Nutzer in den sozialen Medien geweckt. Bevor die App den Namen Tik Tok erhielt, war sie unter dem Namen Musical.ly bekannt, der 2014 der breiten Öffentlichkeit vorgestellt wurde. Die Schöpfer hinter dieser App für soziale Medien sind Alex Zhu und Luyu Yang aus Shanghai. Es dauerte nicht lange, bis sie einen beträchtlichen Kundenstamm gewann, und am Ende eines ganzen Jahres war Musical.ly bereits eine Top-App in den iTunes-Charts geworden. Die Anwendung war einfach zu bedienen und bot kurze Karaoke-Videoclips. Die Nutzer konnten ihr Talent unter Beweis stellen oder kleine, unterhaltsame Videos erstellen, die sich Millionen von Menschen ohne großen Aufwand ansehen konnten. Sie wurde wieder eingeführt und ist bei den Nutzern sehr beliebt. Davor wurde jedoch eine neue Version von Musical.ly namens Douyin von dem chinesischen

Technologieunternehmen Bytedance auf den Markt gebracht. Da Bytedance wusste, dass die App bei der jüngeren Generation Potenzial hat, kombinierte es Musical.ly mit Douyin, und so wurde Tik Tok geboren. Unter Giganten wie YouTube, Snapchat und Snapchat hat sich die Tik Tok-App ihre Nische geschaffen.

Eine bildbasierte Plattform, die alle.

Eine bessere Möglichkeit, dies zu tun, als eine E-Commerce-Plattform, die gerade im Trend liegt. Der Konsum visueller Inhalte ist einfach und übt eine große Anziehungskraft auf jeden in der Gesellschaft aus. In den letzten Jahren haben wir das Wachstum von YouTube-Berühmtheiten beobachtet, die allein durch das regelmäßige Teilen von Videos berühmt geworden sind. Lily Singh beispielsweise erlangte ihre Popularität durch soziale Medien, bevor sie in Hollywood zu einer A-Liste aufstieg. Während YouTube ein wenig Planung und Konsequenz erfordert, ist Tik Tok einfacher und hat eine einfachere Schnittstelle. Es ist eine Quelle für die ständig wachsende Nachfrage nach Unterhaltung und visuellen Eindrücken, die die neue Generation zu schätzen weiß.

Tik Tok ist eine Tik Tok-Plattform, die sich auch an verschiedene Gemeinschaften wendet. Das bedeutet, dass es Videos über Mode, Musik, Kunst und vieles mehr gibt. Es handelt sich um kurze Clips, die der Unterhaltung dienen. Ähnlich wie bei YouTube gibt es auf TikTok mehrere Megastars. Die beliebteste ist Loren Gray, die mehr als 31 Millionen Fans hat. Die App für soziale Medien hat 524 Millionen aktive Nutzer und wächst schnell. Sie beweist, dass ansprechende Bilder und soziale Medien ein fantastisches digitales Rezept ergeben.

Soziale Medien und Trends der Millennials.

Der rasante Medienkonsum prägt die Kultur der Millennials. Die einzige Möglichkeit, die Aufmerksamkeit der Generation der Millennials zu gewinnen, besteht also darin, sie über die neuesten Trends auf dem Laufenden zu halten. Tik Tok bietet seinen Nutzern nicht nur die Möglichkeit, ihre Kreativität unter Beweis zu stellen, sondern lockt auch mit einer Vielzahl von Trendvideos, die angesehen und nachgespielt werden. Die Trends reichen vom Mitsingen des neuesten Chart-Hits bis hin zur Nachahmung eines viralen Online-Memes. Die Generation Y ist besorgt darüber, ausgeschlossen zu werden. Social-Media-Sites wie Tik Tok helfen ihnen, sich wohl zu fühlen, indem sie einen einfachen Zugang zu Bereichen bieten, in denen sie gesehen und geschätzt werden. Die Tik Tok-App wird hauptsächlich von jüngeren Nutzern verwendet, die ein gemeinsames Interesse haben und sich durch Antworten auf Videos oder Kooperationen austauschen. Jeden Tag entdecken junge Menschen neue Möglichkeiten, die App und ihre Dienste zu nutzen.

Kapitel 5

Funktionen und Trends von TikTok.

TikTok-Funktionen.

- Tik Tok bietet zahlreiche Funktionen. Einige davon sind beliebt, andere sind den Nutzern nicht bekannt.
- Wir werden einige der effektivsten hervorheben.
- Die Diashows sind eine hervorragende Funktion, die es Ihnen ermöglicht, die ganze Geschichte zu erzählen, die Sie möchten; allerdings ist das auf TikTok verfügbare Video nicht lang. Es ist sehr einfach, Diashows zu erstellen. Wählen Sie alle Videos und Fotos aus, die Sie hinzufügen möchten, bearbeiten Sie sie und laden Sie schließlich die Diashow hoch.
- Audioeffekte auf TikTok sind ebenfalls eine effektive Möglichkeit, Ihr Video zu verbessern. Sobald Sie sich in Ihrem Bearbeitungsbereich befinden, gibt es Spracheffekte.
- Sie brauchen nicht viel Geld oder ein Studio, um die Green-Screen-Effekte von TikTok zu nutzen. Sie können auswählen, welches Bild oder Video Sie als Hintergrund verwenden möchten, so dass der Benutzer ähnliche Möglichkeiten wie bei Green Screens hat.
- Es ist auch möglich, Text zu erstellen, der zu verschwinden scheint, ein Duett mit den TikTok-

Duett-Funktionen zu machen oder die TikTok-Musik aus einem anderen Clip zu verwenden und vieles mehr.
- Es ist wichtig, daran zu denken, dass TikTok auch einige äußerst wichtige Funktionen eingeführt hat, die nichts mit Unterhaltung zu tun haben, sondern sehr ernst sind.
- Eine der wichtigsten Funktionen ist die Suizidprävention durch In-App-App-Apps und den eingeschränkten Modus. Überwachung der Bildschirmzeiten, Risikowarnungs-Tags und eine Familienkopplung. Es gibt noch viele weitere Funktionen, die sogar Leben retten können.
- Es sollte nicht übersehen werden, dass jede Online-Plattform für soziale Netzwerke aufgrund von Mitgliedern mit schlechten Absichten riskant sein kann.

Die TikTok-Mobilanwendung ermöglicht es den Nutzern, Videos von kurzer Dauer zu erstellen, die oft mit Musik unterlegt sind. Die Videos können beschleunigt, verlangsamt oder mit Filtern verändert werden. Außerdem können Sie der im Hintergrund spielenden Musik Ihre eigenen Sounds hinzufügen. Um einen Musikclip mit der App zu erstellen, können die Nutzer Hintergrundmusik aus verschiedenen Musikgenres auswählen, mit Filtern bearbeiten und dann ein Video von 15 Sekunden Länge mit Geschwindigkeitsanpassungen erstellen, bevor sie das Video hochladen, um es mit anderen über TikTok oder ähnliche soziale Netzwerke zu teilen. Sie können auch Videoclips mit Lippensynchronisation zu beliebten Liedern aufnehmen. "For You"-Seite auf TikTok Die For You"-

Seite auf TikTok ist ein Strom von Videos, die den Nutzern als Reaktion auf ihre Aktionen in der Anwendung vorgeschlagen werden. Die Inhalte werden von der künstlichen Intelligenz (KI) von TikTok als Reaktion auf die Inhalte produziert, die den Nutzern gefallen haben, mit denen sie interagiert oder die sie durchstöbert haben. Die Nutzer können auch Favoriten speichern oder bei Videoinhalten für ihre Seite "nicht interessiert" auswählen. TikTok bringt die beliebtesten Inhalte der Nutzer mit den Videos zusammen, die sie gerne sehen möchten. Laut den Richtlinien von TikTok werden Nutzer und ihre Inhalte nur dann auf der Seite "für dich" angezeigt, wenn sie älter als 16 Jahre sind. Nutzer, die jünger als 16 Jahre sind, können nicht auf der "for you"-Seite oder mit Sounds und unter den Hashtags erscheinen. Mit der "React"-Funktion der Anwendung können Nutzer ihre Reaktionen auf ein bestimmtes Video aufzeichnen und dann in einem kleinen Fenster anzeigen, das auf dem Bildschirm verschoben werden kann. Mit der "Duett"-Funktion der App können die Nutzer ein Video zusätzlich zu einem anderen aufnehmen. Diese "Duett"-Funktion war ein besonderes Merkmal von musical.ly. Die Duettfunktion ist nur verfügbar, wenn beide Parteien ihre Datenschutzeinstellungen ändern.

Videos, die der Nutzer noch nicht veröffentlichen möchte, können in seinen "Entwürfen" gespeichert werden. Der Nutzer kann seine "Entwürfe" durchsehen und sie dann veröffentlichen, wenn er es für richtig hält. Mit der App können die Nutzer ihre Konten "privat" machen. Nach dem Herunterladen der App ist das Konto des Nutzers zunächst öffentlich. Die Nutzer können ihre Konten auf privat umstellen. Private Inhalte bleiben für TikTok zugänglich, werden aber vor TikTok-Nutzern verborgen, für die der Kontoinhaber nicht zum Zugriff auf die Inhalte berechtigt ist. Die Nutzer können auswählen, ob andere Nutzer oder nur die "Freunde" mit ihnen auf der App durch Nachrichten, Kommentare und "react" und "duet" Videoclips interagieren dürfen. Die Nutzer haben auch die Möglichkeit, bestimmte Videos als "öffentlich", "nur für Freunde" oder "privat" einzustellen, unabhängig davon, ob das Konto privat ist oder nicht. Benutzer können auch Berichte über Konten auf der Grundlage ihrer Inhalte, ob unangemessen oder spammig, erstellen. Im Support-Center von TikTok werden Eltern unter "Für Eltern" darüber informiert, dass Inhalte, die sie für ihre Kinder als unangemessen erachten, gemeldet und gesperrt werden.

Wenn Nutzer anderen Konten folgen, erhalten sie auf der linken "für"-Seite Zugriff auf eine "Folgen"-Seite. Auf dieser Seite können nur die Videos der Konten angezeigt werden, denen sie folgen. Es ist auch möglich, Hashtags, Videofilter, Sounds und Hashtags zu den "gespeicherten" Bereichen hinzuzufügen. Wenn Sie ein neues Video erstellen, können Sie auf den gespeicherten Bereich verweisen oder direkt ein Video daraus erstellen. Dieser Bereich ist nur für das Profil des Nutzers zugänglich und ermöglicht es ihm, einen Link zu jedem Video-Hashtag-Filter, Sound oder Hashtag zu erstellen, den er zuvor gespeichert hat.

Die Nutzer können auch die Videos und Emojis ihrer Freunde sowie Nachrichten per Direktnachricht versenden. TikTok kann auch ein animiertes Video basierend auf den Kommentaren der Nutzer erstellen. Diese "Live"-Option wird in der Regel von Influencern genutzt. Diese Funktion steht nur Nutzern mit 1000 Followern oder einem Mindestalter von 16 Jahren zur Verfügung. Wenn sie über 18 Jahre alt sind, können die Follower der Nutzer virtuelle "Geschenke" machen, die später gegen Bargeld eingetauscht werden können. Eine der neuesten Funktionen wird ab 2020 die Funktion "Virtuelle Geschenke" oder "Virtuelle Gegenstände" der Funktion "Kleine Gesten" sein. Diese Funktion basiert auf der in China beliebten Praxis des sozialen Schenkens. Seit der Einführung der Funktion in der Vergangenheit haben zahlreiche Schönheitsunternehmen und Marken ein TikTok-Konto eingerichtet, um daran teilzunehmen und diese Funktion zu fördern. Aufgrund der Quarantäne-Situation in Amerika ist Social Gifting zu einer beliebten Option geworden. In den Vereinigten Staaten hat Social Gifting an Popularität gewonnen. Laut einem offiziellen TikTok-Sprecher wurde die Kampagne als Reaktion auf die Quarantäne gestartet, "um ein Gefühl der Solidarität und Unterstützung unter der TikTok-Community in diesen schwierigen Zeiten zu schaffen."

TikTok hat für den 20. Februar 2020 die Einführung eines "Sicherheitsmodus für Familien" angekündigt, der es Eltern ermöglicht, das Online-Wohlbefinden ihrer Kinder zu überwachen. Es gibt eine Option zur Kontrolle der Bildschirmzeit, einen eingeschränkten Modus und eingeschränkte Direktnachrichten. Ab September 2020 erweitert die App die Funktion zur elterlichen Kontrolle, die als "Family Matching" bezeichnet wird. Sie wird Eltern und Erziehungsberechtigten Bildungsressourcen zur

Verfügung stellen, damit sie wissen, welche Kinder TikTok nutzen. Die Inhalte wurden in Zusammenarbeit mit der Online-Sicherheitsorganisation Internet Matters entwickelt. Am 20. Dezember 2021 begann TikTok mit dem Betatest von Live Studio, einer Streaming-Anwendung, die es Nutzern ermöglicht, auf ihren PCs laufende Apps und Spiele zu übertragen. Das Programm bot auch Unterstützung für PC- und mobiles Streaming. Nach ein paar Tagen fanden die Twitter-Nutzer jedoch heraus, dass die Anwendung angeblich auf dem Code des Open-Source-Programms OBS Studio basierte. OBS gab eine Erklärung ab, in der es heißt, dass TikTok gemäß der GNU GPL Version 2 den Code von Live Studio öffentlich zugänglich machen muss, wenn es den von OBS entwickelten Code verwenden möchte.

Virale Trends auf TikTok.

Auf TikTok haben sich viele Stile entwickelt, wie Memes, lippensynchrone Lieder und Comedy-Videos. Duets, eine Funktion, mit der Nutzer den Inhalt ihrer Wahl zu einem bereits bestehenden Video hinzufügen können, wobei der Ton des Originals verwendet wird, hat mehrere dieser Trends ausgelöst. Die App hat zu zahlreichen populären Trends, Internet-Berühmtheiten und Musiktrends auf der ganzen Welt geführt. Viele Stars begannen ihre Karrieren über musical.ly, das am 2. August 2018 mit TikTok fusionierte. Zu dieser Gruppe von Nutzern gehören Loren Gray, Baby Ariel, Kristen Hancher, Zach King, Lisa und Lena, Jacob Sartorius. Loren Gray war bis zu dem Zeitpunkt, an dem Charli D'Amelio sie am 25. März 2020 überholte, die meistgefolgte Nutzerin auf TikTok. Grays

Konto war das erste TikTok-Konto, dem mehr als 40 Millionen Menschen folgten. Später wurde ihr Konto mit 41,3 Millionen Nutzern übertroffen. D'Amelio ist die erste, die 50, 60 oder 70 Millionen Nutzer erreicht. Charli D'Amelio ist die meistgefolgte Nutzerin auf der Social-Media-Plattform. Die Schöpfer von Other erlangten Berühmtheit, als die Plattform am 2. August 2018 mit musical.ly zusammengelegt wurde.

Am 20. Juni 2020 behaupteten TikTok-Nutzer sowie K-Pop-Fans, "mehrere Hunderttausend Tickets" für Trumps Präsidentschaftswahlen in Tulsa über TikTok registriert zu haben, und trugen dazu bei, dass "Reihen mit leeren Sitzen" bei der Veranstaltung gefüllt wurden. TikTok wurde von Holocaust-Leugnern verboten, obwohl andere Verschwörungstheorien über die Website an Zugkraft gewonnen haben, darunter Pizzagate und Qanon, die im Juni 2020 fast 80 Millionen bzw. 50 Millionen Aufrufe verzeichnen konnten. Die Seite wurde auch genutzt, um falsche Informationen über das COVID-19-Virus zu verbreiten, darunter auch Videos von Pandemic. TikTok hat einige dieser Videos entfernt, aber im Allgemeinen Links zu korrekten COVID-19-Informationen in Videos mit Tags, die sich auf die Pandemie beziehen, bereitgestellt.

Am 10. August 2020 schrieb und sang Emily Jacobsen "Ode To Remy", ein aufmunterndes Lied, das die Figur aus dem computeranimierten Pixar-Film Ratatouille aus dem Jahr 2007 preist. Das Lied erlangte große Aufmerksamkeit, nachdem der Musiker Daniel Mertzlufft einen Backing Track komponiert hatte. Daraufhin startete er das "Crowdsourced"-Projekt mit dem Namen Ratatouille the Musical. Seit Mertzluffts Vorstellung wurden zahlreiche neue Elemente entwickelt, darunter Kostüme, Songs und das Programmheft. Am 1. Januar 2021 wurde eine einstündige Online-Version von Ratatouille the Musical erstmals auf TodayTix ausgestrahlt. Die Produktion basierte auf Elementen, die über TikTok erstellt wurden.

Eine weitere TikTok-Nutzung, die mit dem Zusammenschluss von Menschen in der Gesellschaft zusammenhängt, ist die Verwendung von "Herausforderungen". Diese können sich auf Tanzen oder die Zubereitung bestimmter Lebensmittel beziehen. Die Menschen beobachten andere Menschen, die sich mit etwas beschäftigen, das gerade im Trend liegt, und das wird sich weiter ausbreiten, bis es ein internetweiter Trend ist, der Menschen aus der ganzen Welt zusammenbringt. Obwohl TikTok in erster Linie zur Unterhaltung genutzt wird, könnte TikTok bald noch einen anderen Zweck erfüllen: eine Ressource für Arbeitssuchende, die hoffen, dass zukünftige Arbeitssuchende Videos anstelle von traditionellen Lebensläufen einreichen können. Die Anwendung wäre wahrscheinlich ein Zusatzmodul für die Stellensuche. TikTok hat in der Vergangenheit positive Ergebnisse für Menschen gebracht, die die Website zur Stellensuche nutzen, und könnte den Bedarf an Arbeitsplätzen, insbesondere für die jüngere Generation, erhöhen. Arbeitgeber müssen bei der Überprüfung von TikTok-Lebensläufen vorsichtig sein, um sicherzustellen, dass sie nicht durch Vorurteile beeinflusst werden. Arbeitgeber können körperliche Merkmale und

Gesichtszüge sehen, die zu Fragen der Gleichberechtigung, Vielfalt und Diversität führen könnten.

Kapitel 6

Kontroversen über TikTok.

Suchtprobleme.

Es kann schwierig sein, mit der Nutzung von TikTok aufzuhören. Im April 2018 wurde die Funktion zur Verringerung der Sucht auf Douyin eingeführt. Sie riet den Nutzern, mindestens alle 90 Minuten aufzuhören. Im Jahr 2018 wurde sie den Nutzern der TikTok-Anwendung zur Verfügung gestellt. TikTok nutzt prominente Influencer wie Gabe Erwin, Alan Chikin Chow, James Henry und Cosette Rinab, um die Nutzer dazu zu bewegen, die Anwendung auszuschalten und eine Pause einzulegen. Viele Menschen waren besorgt über die Aufmerksamkeitsspanne der Zuschauer beim Anschauen dieser Videos. Die Nutzer sehen sich die kurzen Clips von 15 Sekunden häufig an, und Untersuchungen deuten darauf hin, dass dies zu einem Nachlassen der Konzentration führen kann. Dies ist besorgniserregend, da die Mehrheit der Nutzer von TikTok junge Kinder sind, deren Gehirn sich noch in der Entwicklung befindet.

Der Inhalt ist betroffen.

Einige Länder haben Bedenken über den Inhalt von TikTok im Hinblick auf ihre Kultur geäußert, da sie ihn für obszön, unmoralisch und vulgär halten und zu Pornografie aufrufen. Nationen wie Indonesien, Bangladesch, Indien und Pakistan haben als Reaktion auf inhaltliche Probleme vorübergehende Verbote und Warnungen ausgesprochen. Im Jahr 2018 wurde Douyin von den chinesischen Medienaufsichtsbehörden wegen seines "inakzeptablen" Materials verwarnt.

Am 27. Juli 2020 verurteilte Ägypten 5 Frauen wegen TikTok-Videos zu 2 Jahren Gefängnis. Eine der Frauen hat andere Frauen dazu ermutigt, mit der Plattform Geld zu verdienen. Eine andere Frau wurde wegen Tanzens ins Gefängnis gebracht. Der Richter verhängte außerdem eine Geldstrafe von 300.000. Ägyptische Pfund für jede der Angeklagten. Ein beliebter TikTok-Trend, der als "devious licks" bezeichnet wird, besteht darin, dass Schüler Vandalismus begehen oder Schuleigentum an sich reißen und Videos von ihren Aktionen auf der Website veröffentlichen. Dieser Trend hat zu mehr Vandalismus an Schulen geführt und dazu, dass die Schulen Maßnahmen ergriffen haben, um Zerstörungen zu vermeiden. TikTok hat Maßnahmen ergriffen, um den Zugang zu Inhalten zu sperren, die diesen Trend zeigen. Das Wall Street Journal hat aufgedeckt, dass Ärzte einen Anstieg der Fälle von Tics festgestellt haben. Dies ist auf die Zunahme von TikTok-Videos zurückzuführen, die von Urhebern erstellt wurden, die unter dem Tourette-Syndrom leiden. Die Ärzte vermuten, dass die Ursache soziale Faktoren sein könnten, da Nutzer, die sich Inhalte ansehen, die eine Vielzahl von Tics aufweisen, gelegentlich ihre Tics haben könnten. Kulturelle Aneignung sowie das Ungleichgewicht bei der Monetarisierung schwarzer Schöpfer

Im Juli 2021, nach der Veröffentlichung von "Thot Shit" durch Megan Thee Stallion, kam es zu einem Generalstreik der schwarzen TikTokers. Sie konnten nicht wie üblich dazu tanzen, um gegen die Ungerechtigkeit des Vergütungssystems für schwarze Urheber und weiße Urheber zu protestieren, die Inhalte von schwarzen Urhebern gestohlen hatten.

Unwahrheiten.

Im Januar 2020 stellte Media Matters for America fest, dass TikTok trotz einer kürzlich erlassenen Regel gegen irreführende Informationen ungenaue Informationen über die Pandemie COVID-19 bereitstellte. Im April 2020 forderten indische Behörden TikTok auf, Nutzer zu sperren, die ungenaue Informationen über COVID-19 gepostet hatten. Es gab auch eine Reihe von Verschwörungstheorien, die nahelegten, dass die Regierung an der Verbreitung der Krankheit beteiligt war. Als Reaktion darauf führte TikTok eine Funktion zur Kennzeichnung von Inhalten ein, die falsche Informationen enthielten.

ISIS-Propaganda.

Im Oktober 2019 entfernte TikTok etwa zwei Dutzend Konten, die für das Posten von ISIS-Propaganda über die App verantwortlich waren.

Bedenken hinsichtlich der Privatsphäre der Nutzer.

Auch Fragen des Datenschutzes werden im Zusammenhang mit der Anwendung aufgeworfen. In seinen Datenschutzrichtlinien gibt TikTok an, dass es neben anderen Informationen auch Daten über das Nutzungsverhalten der Nutzer wie IP-Adressen, die Handynummer des Nutzers und eindeutige Gerätekennungen sowie Informationen über den Standort sammelt. Die Web-Entwickler Talal Haj Bakry und Tommy Musk erklärten, dass die Freigabe von Videos oder anderen Inhalten durch die Nutzer der App über HTTP die Privatsphäre der Nutzerdaten gefährdet.

Im Januar 2020 entdeckte Check Point Research eine Sicherheitslücke in TikTok, durch die Hacker möglicherweise über Textnachrichten Zugang zu Benutzerkonten erhalten haben. Das Problem wurde im Februar entdeckt. Der CEO von Reddit, Steve Huffman, kritisierte die App als "Spyware" und sagte: "Ich betrachte diese Anwendung als so parasitär, dass sie ständig lauscht. Die Fingerabdrucktechnologie, die sie einsetzen, ist wirklich beängstigend, und ich kann mich nicht dazu entschließen, eine solche Anwendung auf meinem Telefon zu installieren. Als Antwort auf Huffmans Äußerungen erklärte TikTok: "Das sind unbegründete Anschuldigungen, die auf keinerlei Beweisen beruhen. Wells Fargo hat die App aufgrund von Sicherheits- und Datenschutzproblemen von seinen Plattformen verbannt.

Im Mai 2020 leitete die niederländische Datenschutzbehörde eine Untersuchung gegen TikTok wegen des Schutzes der Privatsphäre von Kindern ein. Im Juni 2020 gab die Europäische Datenschutzbehörde bekannt, dass sie ein Untersuchungsteam bildet, das die Praktiken von TikTok in Bezug auf den Datenschutz und die Sicherheit der Nutzer untersuchen soll.

Am 20. August 2020 enthüllte das Wall Street Journal, dass TikTok Informationen von Android-Nutzern, einschließlich Mac-Adressen und IMEIs, nachverfolgt und dabei eine Taktik anwendet, die gegen die Richtlinien von Google verstößt. Der Bericht führte dazu, dass der US-Senat die Federal Trade Commission (FTC) aufforderte, eine Untersuchung einzuleiten.

Im Herbst 2021, nach den Facebook-Akten und den Kontroversen um die Ethik von Social-Media-Plattformen, forderte ein überparteiliches Gremium von Gesetzgebern auch TikTok, YouTube und Snapchat in Bezug auf den Datenschutz und die Moderation der für Kinder geeigneten Inhalte. Laut der New York Times veröffentlicht, "Gesetzgeber auch gehämmert [Leiter der US-Politik bei TikTok Frau Beckerman über, ob TikTok's chinesische Eigentum könnte Leck Informationen über die Verbraucher für Peking," mit dem Hinweis, dass "Kritiker haben immer argumentiert, dass das Unternehmen verpflichtet ist, über Amerikaner Informationen in die chinesische Regierung zu übergeben, wenn sie sie gefragt wurden. TikTok hat US-Gesetzgebern gegenüber erklärt, dass es keine Daten für Chinas Behörden herausgibt. Der Vertreter von TikTok sagte, dass die Dateien von TikTok im Inland gespeichert werden. TikTok habe "keine Verbindung zu den Unternehmenstöchtern von Beijing ByteDance Technology, an denen die chinesische Regierung eine Minderheitsbeteiligung hält.

Untersuchung des U.K. Information Commissioner's Office.

Februar 2019, im Februar 2019 leitete die britische Datenschutzbehörde (Information Commissioner's Office) eine Untersuchung gegen TikTok ein, nachdem die US-Bundeshandelskommission (Federal Trade Commission) ByteDance eine Strafe auferlegt hatte (FTC).

Italienische Datenschutzbehörde.

Am 22. Januar 2021 ordnete die italienische Datenschutzbehörde die Sperrung der Daten von Nutzern an, deren Alter auf der Social-Media-Plattform nicht bestimmt wurde. Die Entscheidung wurde nach dem Selbstmord eines 10-jährigen sizilianischen Mädchens getroffen. Der Vorfall war auf ein Spiel zurückzuführen, das von Nutzern auf der Plattform gepostet wurde und bei dem versucht wurde, das Opfer mit einem Gummiband um den Hals zu erwürgen. Die Anordnung wird voraussichtlich bis zum 15. Februar in Kraft bleiben, danach wird sie überprüft.

Irland Kommission für den Datenschutz.

Im September 2021 leitete der irische Datenschutzbeauftragte eine Untersuchung gegen TikTok ein, bei der es um den Schutz der Daten von Minderjährigen und die Übermittlung personenbezogener Daten nach China ging.

Cybermobbing.

Wie bei ähnlichen Plattformen hat ein Journalist aus verschiedenen Ländern Bedenken bezüglich des Datenschutzes geäußert, da die App bei Jugendlichen sehr beliebt ist und von Sexualstraftätern genutzt werden kann.

Mehrere Nutzer haben über weitverbreitetes Online-Mobbing auf TikTok und die Diskriminierung farbiger Menschen sowie über das Konzept des Behindertenfeindlichkeit berichtet. Im Dezember räumte TikTok nach einer Anfrage der deutschen Gruppe für digitale Rechte Netzpolitik.org ein, dass es in einem offensichtlichen Versuch, Cybermobbing einzudämmen, Videos von behinderten Nutzern sowie von LGBT-Quasaren blockiert hatte. Den Moderatoren auf TikTok wurde außerdem geraten, Nutzer mit "abnormalem Aussehen", "hässlichem Gesichtsausdruck", "zu vielen Falten" oder in "Slums oder Feldern in ländlichen Gebieten" oder "baufälligen Häusern" zu entfernen, um Belästigungen zu vermeiden. Im Jahr 2021 kündigte die Plattform an, dass sie die Einführung einer Option plant, mit der Jugendliche keine Benachrichtigungen mehr nach ihrer Schlafenszeit erhalten. Die Plattform wird nach 21 Uhr keine Push-Benachrichtigungen mehr an Nutzer im Alter von 13 bis 15 Jahren senden. Für 16- und 17-Jährige oder älter werden nach 22 Uhr keine Benachrichtigungen mehr gesendet.

Mikrotransaktionen.

TikTok wurde kritisiert, weil es Kindern erlaubt, riesige Geldbeträge für den Kauf von Münzen von anderen Nutzern auszugeben.

Kapitel 7

Die Popularität von Tik-Tok und die Zukunft der sozialen Netzwerke.

Es ist unbestritten, dass Tik-Tok das meistdiskutierte soziale Netzwerk der Gegenwart ist. Die App für Kurzvideos wurde von dem chinesischen Technologieunternehmen Byte Dance entwickelt. Sie stand fünf Quartale in Folge an der Spitze der Hitliste der am häufigsten heruntergeladenen iOS-Apps und ist heute ein Einblick in die aktuelle Jugendkultur. Es ist erwiesen, dass es sich nicht nur um einen Trend oder einen Zufall handelt, und seine anhaltende Popularität hat etwas Faszinierendes über die Richtung offenbart, in die sich die sozialen Medien entwickeln. Angetrieben von Memes, hochgradig personalisiert durch Algorithmen und völlig losgelöst von tatsächlichen Verbindungen oder einem sozialen Graphen.

Die Meme-Fabrik.

Die Tik-Tok-Anwendung ermöglicht es Nutzern, 15-sekündige Videos zu erstellen, die von Musikvideos begleitet werden, und kam im September 2016 in China als Douyin auf den Markt. Im darauffolgenden Jahr erwarb Byte Dance eine in den USA bei Teenagern sehr beliebte Lippensynchronisations-App namens Musical.ly, fusionierte sie mit Douyin und benannte die neue App für alle Märkte außerhalb Chinas in "Tik-Tok" um. Der Einfluss der Tik-Tok-Memes wirkt sich auf die gesamte Popkultur aus, insbesondere auf die Musik. Der jüngste Chart-Hit "Old Town Road" hat bewiesen, dass Tik-Tok-Memes zum Mainstream-Erfolg beitragen können. Billie Eilish, eine aufstrebende Künstlerin in der Welt der Popmusik, hat mit ihrem Song "You Should See Me in A Crown" einen großen Anteil an der Herausforderung, Memes zu überarbeiten. Und dann ist da noch "Baby Shark", ein extrem ansteckender Ohrwurm eines Kinderliedes, der es dank eines, ja, viralen Tik-Tok-Memes in den Mainstream geschafft hat. Es ist nur ein kleines Beispiel für den Einfluss, den Tik-Tok-Memes haben. Die Wirkung der App geht weit über die Popkultur hinaus und erstreckt sich auch auf den Handel in China. Einzelhändler und Geschäfte platzieren gerne "as seen on Tik-Tok"-Labels und Banner auf ihren Schaufenstern und Produkten, um die Aufmerksamkeit der Kunden zu wecken und die Popularität der App bei Nicht-Tik-Tok-Nutzern zu fördern.

Die Meme-Kultur ist ein wichtiger Bestandteil von sozialen Plattformen wie Twitter und Instagram. Sie ist jedoch nichts, was es nur bei Tik-Tok gibt. Im Vergleich zu etablierteren sozialen Plattformen hebt sich Tik-Tok jedoch dadurch ab, dass es eine enge Auswahl an Design und thematischen Inhalten bietet. Die Werkzeuge, die es bietet, senken die Einstiegshürde für die Erstellung von Inhalten erheblich. Fünfzehn Sekunden sind viel zu wenig für ernsthafte Diskussionen, da die musikzentrierten Erstellungswerkzeuge der App die Nutzer immer zu der Art von Comedy-Videos mit geringem Einsatz führen werden, die die Plattform dominiert. Im Gegensatz zu Twitter oder Instagram hat Tik-Tok jedoch viel weniger Arbeit, um "gute" Inhalte zu produzieren, die soziales Kapital erwirtschaften können. In den Worten von Eugene Wei, der in seinem Blogartikel die vielen Rollen der sozialen Medien erläutert, "suchen die Menschen nach dem effizientesten Weg zur Maximierung des sozialen Kapitals". Und dieser Weg ist für viele Menschen Tik-Tok.

Ein wesentlicher Unterschied in der Funktionsweise von Memen auf Tik-Tok besteht darin, dass sie in der Regel als Herausforderungen präsentiert werden, die zur Teilnahme durch Spielen oder Nachahmen anregen. Zusammen mit den Bearbeitungstools dienen diese "waghalsigen" Herausforderungen dazu, populäre Themen zu beschreiben, die einen erheblichen Einfluss auf den Inhalt haben, den die Nutzer posten - Originalität hin oder her. Auf Tik-Tok ist es viel wichtiger, kreativ zu sein, als einzigartig zu sein. Leistung ist ein fester Bestandteil der Plattform, und alle Nutzer müssen eine unterhaltsame Show vorführen, die auf den Regeln von Memes basiert und in weniger als 15 Sekunden erledigt werden kann. Byte Dance hat kürzlich einen Talentwettbewerb innerhalb von Tik-Tok ins Leben gerufen, um die Kreativität der Nutzer zu fördern. Nach Wei's Worten macht es der Fokus den Menschen leichter, künstlerische "Arbeitsnachweise" zu erstellen und soziales Kapital aufzubauen. Tik-Tok hat das effizient gemacht. Der Schwerpunkt liegt auf der Senkung der Hürden für die Erstellung innovativer "Arbeitsnachweise" und der Steigerung des sozialen Kapitals. Tik-Tok tut dies erstaunlich effektiv.

Da es sich bei den meisten auf Tik-Tok geposteten Inhalten um recycelte Memes handelt, können die Algorithmen, die die Empfehlungsmaschine der Plattform antreiben, die Inhalte schnell kategorisieren und sie dann den Nutzern auf der Grundlage des Grades des Engagements vorschlagen. Daher liegt die Verantwortung für die Förderung Ihrer Kreativität vollständig bei dem algorithmischen Kraftpaket, das heißt. Sicherlich können Sie einige der gängigsten Hashtag-Manipulationen vornehmen, um sicherzustellen, dass der winzige Prozentsatz der Leute, die danach suchen, Ihr Video sieht; der Großteil der Tik-Tok-Nutzer bleibt jedoch auf der Startseite und sieht sich ein Video nach dem anderen an, das von Algorithmen kuratiert wurde. Wenn Ihr Video interessant genug ist, werden Sie durch das Provozieren von Schleifen und das Teilen des Videos ein potenzielles Publikum für den Inhalt entdecken, aber nicht unbedingt für Sie.

Weniger sozial, mehr Inhalt.

Ein weiteres Merkmal, das Tik-Tok von anderen sozialen Netzwerken unterscheidet, ist seine nahtlose Benutzererfahrung. Es wurde so konzipiert, dass es nicht vom sozialen Graphen abhängt und sich auf die Steigerung des Engagements und die Entdeckung von Inhalten konzentriert. Byte Dance nutzte sein Wissen über algorithmische Empfehlungen durch Doutiao, die äußerst beliebte Website und Nachrichtenaggregator-Anwendung, die es speziell für chinesische Nutzer entwickelt hat. Das Unternehmen entwickelte auch eine äußerst leistungsfähige soziale Videoplattform, die es den Nutzern ermöglicht, einen individuellen Feed zu erhalten, wenn sie die

Plattform fünf Minuten lang nutzen. Bei Byte Dance ist KI das Hauptprodukt, auf das es sich stützt, und der algorithmische Ansatz der App verändert die Art und Weise, wie wir Inhalte in sozialen Netzwerken konsumieren. Im Gegensatz zu anderen Social-Graph-basierten Apps wie Facebook oder Twitter ist der Einführungsprozess bei TikTok extrem einfach und für Mobiltelefone optimiert. Sie können durch eine endlose Sammlung von vertikalen Vollbildvideos wischen und gleichzeitig den Algorithmus darüber informieren, was sie gerne öfter sehen möchten. Neue Nutzer sind nicht verpflichtet, diejenigen zu entdecken, denen sie folgen möchten, und ihre Feeds aufzubauen. Die meme-zentrierten Inhalte von Tik-Tok ermöglichen es den Algorithmen, den Großteil der Kuratierungsaufgaben zu übernehmen und den Nutzern ein entspannteres "Zeig mir etwas, das Spaß macht"-Erlebnis zu bieten. Die Inhalte von Tik-Tok können zwar immer noch durch andere aggregierte Kanäle wie YouTube, Facebook und Instagram gefiltert werden, der Großteil der Inhalte wird jedoch über die App konsumiert - gesteuert durch den Algorithmus. Die Meme-zentrierten Inhalte auf Tik-Tok erlauben es Algorithmen, den Großteil des Kuratierens zu übernehmen und bieten den Nutzern eine entspanntere "Zeig mir etwas Interessantes"-Erfahrung. Die Algorithmen, die Inhalte vorschlagen, sind auf das Engagement der Nutzer ausgerichtet. Der einmalige Feed von Tik-Tok ist ideal für die Art von spannenden Videoclips. Wenn Ihnen ein Video nicht gefällt, wechseln Sie zum nächsten. Das System merkt sich den Zeitpunkt, an dem Sie es verlassen haben, und zeigt weniger Inhalte an, z. B. die, die Sie zuvor verworfen haben. Auf diese Weise erhalten alle Mitglieder gleiche Ausgangsbedingungen, so dass die wertvollsten Inhalte einen Schneeballeffekt erzielen und mehr Aufrufe erhalten. Wenn sich alle im Entdeckungsmodus befinden, ist es viel einfacher, dass Inhalte von weniger bekannten Urhebern angezeigt werden.

Interessant ist, dass das Nutzererlebnis der App nicht davon abhängt, ob man den richtigen Leuten folgt; die Inhalte jedes Urhebers sind so modularisiert, wie es nur eine Handvoll anderer Social-Media-Plattformen kann. Die Benutzeroberfläche ermöglicht es den Nutzern, neue Videos über die Inhalte zu entdecken, die ihnen zuvor gefallen haben. Dann gehen sie in das Tinder-ähnliche Swiping-Erlebnis über, anstatt nach ihren Top-Videoerstellern zu suchen. Jedes Video wird nach seinen eigenen Vorzügen bewertet. Es besteht zwar die Möglichkeit, auf Tik-Tok eine beeindruckende Fangemeinde aufzubauen, aber das Spiel um den Status besteht eher darin, sich über die neuesten Trends auf dem Laufenden zu halten und ihnen dann einen eigenen Stempel aufzudrücken, als eine Influencer-Marke aufgrund der Qualität der eigenen Marke zu schaffen. Die algorithmische Natur der Nutzererfahrung bedeutet, dass es immer zuerst um Inhalte geht und soziale Interaktionen erst danach folgen oder für manche nur ein nachträglicher Gedanke sind. Das algorithmische Design der Benutzeroberfläche bedeutet, dass Inhalte immer an erster Stelle stehen und soziale Interaktionen erst an zweiter Stelle.

Der Social-Media-Aspekt der öffentlichkeitswirksamen Medien war schon immer ein beliebter Wettbewerb, der für verschiedene Nutzer in unterschiedlichem Ausmaß ausgetragen wurde. Egal, ob Sie ein aufstrebender Influencer sind, der hofft, eine Fangemeinde von 10.000 Menschen aufzubauen, oder ob Sie etwas Interessantes mit 100 Ihrer realen Bekannten teilen möchten, der angeborene Wunsch des sozialen Kapitals, Nutzer in soziale Netzwerke zu locken, ist derselbe. Der Algorithmus fungiert als gleichberechtigter Richter über die Qualität und verspricht eine Fülle von Sozialkapital für alle. Für eine App, deren Ursprünge in der Lippensynchronisation liegen, ist das vielleicht angemessen; Konversation ist bei Tik-Tok eine Mogelpackung, vor allem wenn man bedenkt, dass es aufgrund von Kommunikationsbarrieren schwierig ist, Inhalte, die stark auf Gesprächen basieren, effektiv über ein internationales Netzwerk zu verbreiten. Letztlich erfordern Algorithmen weniger Konversation und mehr Aktion.

Entflechtung der sozialen Medien.

Seit jeher leben wir in einem Zwiespalt zwischen unserem privaten und unserem öffentlichen Ich. Die Art und Weise, wie wir uns verhalten, hat immer mit unserer Organisation zu tun, und wir haben oft bestimmte Ziele für unsere Interaktionen mit anderen in verschiedenen Situationen. Zu lange haben wir in den sozialen Medien geglaubt, dass es eine einheitliche Lösung für alle gibt. In den letzten Jahren mussten wir jedoch mit den negativen Aspekten der sozialen Medien und der Möglichkeit, unser Leben auf transparente, öffentliche Weise im Internet zu teilen, auseinandersetzen und beginnen, unser soziales Online-Verhalten an die neuen Gegebenheiten anzupassen. Es ist keine Überraschung, dass

Facebook seinen Schwerpunkt auf Nachrichten verlagert, um die verschiedenen Probleme, die seine öffentlichen Plattformen plagen, zu überwinden und einen seiner größten Vorteile zu vergrößern: die realen sozialen Graphen, über die es verfügt. Einfach ausgedrückt: Facebook versucht, den Kuchen zu bekommen und ihn auch zu essen.

Marke Mitnahmeeffekte.

Für Unternehmen bedeutet diese entbündelte neue Welt der sozialen Medien, dass eine geteilte Strategie in den sozialen Medien erforderlich ist, um die Online-Kunden zu erreichen. Trotz der Aufteilung werden die Inhalte weiterhin zwischen den sozialen Medien fließen, da die meisten Nutzer weiterhin beide Arten von sozialen Netzwerken nutzen werden. Auf der Seite der Massenkommunikation müssen Unternehmen lernen, sich an die Meme-Kultur anzupassen, sich mit dem von Algorithmen gesteuerten System auseinanderzusetzen, indem sie sowohl echte Inhalte als auch bezahlte Herausforderungen nutzen, und einen unverwechselbaren Charakter zu schaffen, der Spaß macht und zu den Botschaften ihrer Marke passt, die sie zu vermitteln versuchen. Für die privateren Social-Media-Plattformen ist jedoch die Kundenbetreuung entscheidend für den Erfolg bei den persönlichen Interaktionen. Achten Sie auf eine warme und aufmerksame Art der Kommunikation, die sich besser für Interaktionen mit Markenkunden über Messaging-Apps eignet. Daten über Kunden sind für beide Seiten der sozialen Medien von Vorteil, aber sie sind sicherlich besser geeignet, um den Kundenservice, den Sie im Rahmen der privaten Nachrichtenübermittlung anbieten, zu optimieren. Das bedeutet, dass die Umstellung auf Private Messaging zwar keine Auswirkungen auf die Meme-Kultur haben wird, aber die Daten über das Engagement auf beiden Seiten die Strategie beeinflussen können.

Darüber hinaus wird die Aufteilung der Social-Media-Plattformen zu einer stärker fragmentierten Social-Media-Landschaft führen, so dass Unternehmen nicht mehr ihr gesamtes Social-Budget auf die zwei oder drei größten Plattformen verwenden, sondern alle neuen Plattformen erkunden müssen. In den kommenden Jahren, in denen die sozialen Medien wachsen und sich weiterentwickeln werden, müssen die Unternehmen flexibel und anpassungsfähig sein, was ihre Herangehensweise an die verschiedenen neuen sozialen Medienplattformen angeht. Zu Beginn haben sie vielleicht noch nicht die werbegestützten Produkte oder die enorme Reichweite, die die etablierten Unternehmen auf dem Markt haben; das sollte Marken jedoch nicht davon abhalten, verschiedene Social-Media-Plattformen zu erkunden. Was die Vorteile des ersten Schrittes angeht, so bedeutet der Beitritt zu einer schnell wachsenden Plattform im Allgemeinen weniger Wettbewerb und geringere Kosten für Ihr Unternehmen, um wahrgenommen zu werden. Der Umfang mag zwar im Vergleich kleiner sein, aber die Bedeutung der Interaktion und die aus diesem Experiment gewonnenen Erkenntnisse sollten nicht unterschätzt werden.

Kapitel 8

Tik-Tok Engagement-Rate.

Engagement ist in der Regel wichtiger als Tik-Tok. Ein typisches Engagement auf Tik-Tok liegt bei mehr als 15 %. Das ist ziemlich viel im Vergleich zu Instagram, zum Beispiel. Tik-Tok-Nutzer sind viel aktiver. Dabei ist zu beachten, dass die Engagement-Rate auf Tik-Tok nicht so stark von den Followern oder der Größe des Publikums im Allgemeinen abhängt, wie dies bei Instagram der Fall ist. Es gibt zahlreiche Beispiele von Konten auf Tik-Tok mit weniger Followern, die im Vergleich zu Profilen mit einigen tausend Followern höhere Engagement-Raten aufweisen. Wir zeigen Ihnen, wie Sie die Engagement-Raten auf Tik-Tok verbessern können:

- Die Theorie der Charge
- FRAGEN UND ANTWORTEN
- Gewissenhaft sein
- Herausforderungen
- Live-Stream
- Die Theorie der Charge.

Anders als die Personen, die für Byte Dance Ltd. Es gibt keine Möglichkeit festzustellen, wie der Tik-Tok-Algorithmus für das Unternehmen funktioniert, das Tik-

Tok entwickelt hat. Anhand von Tik-Tok ist es jedoch möglich, einige Muster in den Algorithmen zu erkennen, die die "Batch-Theorie" wiederholen. Diese Theorie gilt für neue Videos, die auf Tik-Tok veröffentlicht werden. Dieses Video wird dann einer begrenzten Anzahl von Nutzern gezeigt; wenn jedoch ein kleiner Prozentsatz von ihnen das Video bis zum Ende anschaut, steigert dies das Engagement, und das Video wird einer größeren Anzahl von Nutzern präsentiert - umgekehrt. Wenn die meisten Nutzer aufhören, sich das Video anzusehen, wird es laut Algorithmus unbedeutend. Deshalb müssen Sie dafür sorgen, dass Ihr Video den Betrachter sofort fesselt. Da die Tik-Tok-Videos kurz sind, haben Sie nur 3 bis 5 Sekunden Zeit, um die Zuschauer zu fesseln und sie dazu zu bringen, das Video bis zum Ende anzusehen. Es ist sehr schwierig und komplizierter als bei YouTube, da man mindestens eine halbe Minute zur Verfügung hat. Sie müssen Ihr Bestes geben, um sicherzustellen, dass die ersten 5 Sekunden beeindruckend sind.

FRAGEN UND ANTWORTEN.

Tik-Tok Q&A ist eine neue Funktion, die erst vor ein paar Monaten eingeführt wurde. Sie sollten diese Funktion nutzen, um die Anzahl der Menschen, die sich mit Ihnen beschäftigen, zu erhöhen, denn sie ist das perfekte Werkzeug für diesen Zweck. Die Q&A-Funktion bietet Ihnen die Möglichkeit, sehr einfach und mühelos mit Ihren Zuschauern zu interagieren. Außerdem können Sie sehr relevante Inhalte erstellen, da Ihr Publikum zweifellos daran interessiert sein wird. Diese Option ist nur für Ersteller-Konten zugänglich. Klicken Sie in den

Einstellungen auf "Ersteller". Sie sehen dann die Option "Q&A". Klicken Sie auf "Q&A einschalten". Dann können Ihre Nutzer Ihnen Fragen stellen, und Sie können sie durch die Aufnahme von Videos beantworten.

Konstant sein.

Ohne konsequentes Verhalten wirst du kein erfolgreicher Tik-Toker werden. Das ist leichter gesagt als getan, denn Sie müssen jeden Tag viel Zeit aufwenden, um konsequent zu bleiben. Aber es ist notwendig, und es gibt keine Abkürzung, um das gewünschte Engagement zu erreichen. Ihre Kunden müssen wissen, dass sie regelmäßig relevante, frische und relevante Informationen erhalten werden. Außerdem werden sie danach auf Ihre Seite zurückkehren und mit Ihnen interagieren. Wenn Sie das nicht tun, werden sie Ihre Existenz verlieren.

Herausforderungen.

Challenges haben dazu beigetragen, Tik-Tok populär zu machen. Das ist zwar nicht mehr die einzige Sache, die für Tik-Tok relevant ist, aber das bedeutet nicht, dass Sie nicht an Herausforderungen neuer Art teilnehmen und mit den neuesten Trends Schritt halten sollten. Jeden Tag wird eine neue Herausforderung angekündigt. Natürlich müssen Sie nicht jede einzelne Herausforderung annehmen, aber Sie sollten so viele wie möglich ausprobieren, vor allem diejenigen, die Sie für relevant halten. In der Regel hängt es davon ab, wie ein beliebter Tick-Toker an dem Wettbewerb teilnimmt. Scheuen Sie sich nicht, teilzunehmen; auf Tik-Tok ist alles falsch, und Sie sollten sich für nichts schämen. Seien Sie interessant für Ihre Betrachter. Das ist alles, was zählt. Du könntest auch deine eigene Challenge starten, wenn du interessante Ideen hast. Das ist der effektivste Weg, um berühmt zu werden.

Live zum Streamen.

Wenn Sie diese Funktion über Facebook oder Instagram ausprobiert haben, wissen Sie, wie positiv sie sich auf Ihre Engagement-Raten auswirken kann. Auf diese Weise können Sie eine engere Beziehung zu Ihren Kunden aufbauen, ihnen Fragen stellen und sogar interagieren, was ihr Vertrauen weiter stärkt. Sie werden sich fühlen, als wären sie Ihre Bekannten. Live-Streaming eignet sich perfekt für die Erstellung längerer Inhalte, die nicht nur auf 60 Sekunden beschränkt sind. Allerdings sollten Sie dies nicht jeden Tag tun, denn die Leute könnten sich langweilen und sich die folgenden Live-Streams nicht mehr ansehen. Außerdem kann es passieren, dass Sie nicht wissen, welche Themen Sie im Livestream besprechen sollen, wenn Sie dies häufig tun. Stellen Sie daher sicher, dass Sie eine Vorstellung von den Themen entwickeln, über die Sie während des Livestreams sprechen werden, um peinliches Schweigen zu vermeiden. Wenn sich Ihre Interaktion mit den Zuschauern im Livestream in eine andere Richtung als geplant entwickelt, ist das akzeptabel. Es ist jedoch wichtig, dass Sie sich darauf vorbereiten, wenn das Publikum zuschaut und das Thema nicht ändert.

Kapitel 9

Trends und soziale Medien Gigant.

1. Unerreichte Vitalität.

Tik-Tok-Agenten, die "Anzeigen kaufen", unterschätzen das Potenzial der Plattform. Bezahlte Anzeigen sind eine einfache Lösung. Sie können Ihre Nachricht an jeden senden, der das Geld hat. Tik-Tok, ein soziales Netzwerk, das seinen Dialekt verwendet, heißt Tik-Tok. Wir entwickeln native Inhalte auf Tik-Tok.

2. Integrierte kreative Werkzeuge.

Tik-Tok kann zur Erstellung von Markengeschichten und Marketinginhalten verwendet werden. Die Plattform enthält viele Tools, die Kreativität ermöglichen. Es kann eine Herausforderung sein, den gesamten Kontext und die Informationen der Werbung zu organisieren.

3. Schnelle Ergebnisse.

Das attraktivste Merkmal von Tik-Tok ist seine Schnelligkeit. Mehr Chancen, einen bleibenden Eindruck bei den Zuschauern zu hinterlassen. So können Sie schneller einen bleibenden Eindruck bei den Leuten hinterlassen.

4. Anzeigenformat Flexibilität.

Diese Plattform bietet eine einzigartige Möglichkeit, die Altersgruppe der unter 30-Jährigen zu erreichen, und ich bin gespannt, wie die Anzeigen funktionieren. Die Flexibilität der Werbeformate ist das, was mich am meisten reizt. Sie ermöglicht es mir, neue Ideen zu entwickeln und einige unmögliche kreative Ideen mit anderen Medien auszuprobieren.

5. Stärkere Reichweite bei Millennials.

YouTube, Snapchat und Tik-Tok sind die Plattformen, die Millennials am meisten lieben. Unsere Kunden müssen sich aufgrund der Beliebtheit von Tik-Tok, insbesondere wegen des Engagements und der aktiven Nutzer, auf Personen unter 30 Jahren konzentrieren.

6. Die Chance, echte Kontakte zu knüpfen.

Tik-Tok wurde in den letzten Jahren mit der gleichen Begeisterung betrachtet wie Snapchat. Die neue Plattform ermöglicht es Marken, echte Verbindungen herzustellen und sich mit anderen Gruppen zu vernetzen. Das Wachstum von Tik-Tok zeigt, dass Social-Media-Experten heute wertvoller denn je sind. Agenturen sollten weiterhin vorrangig in ihre Fähigkeiten investieren.

7. Fallbezogene kreative Werkzeuge.

Tik-Tok ist eine gute Option, je nach Strategie und Zielgruppe unserer Kunden. Tik-Tok ist ein neuer Weg, um mit einem Segment von Nutzern zu kommunizieren, die traditionelle Social-Media-Plattformen aufgrund der geringeren Reichweite von Ad-Targeting auf bestimmten

Plattformen und der Verlagerung auf Botschaften verlassen haben.

8. Fähigkeit, aus Echtzeit-Inhalten Kapital zu schlagen.

Da sich die Vorlieben der Verbraucher häufig ändern, investieren wir in Tik-Tok und andere neue Plattformen. Tik-Tok funktioniert auf der Grundlage von Trends. Wenn ein Song sehr gefragt ist, kann die Marke mit diesem Inhalt gezielt ein junges Publikum erreichen. Live-gestreamte Inhalte sind eine gute Möglichkeit zu zeigen, dass eine Marke die Bedürfnisse ihres Publikums versteht.

9. Leistungsstarke Influencer-Kampagnen.

Unser Unternehmen hat Tik-Tok genutzt, um Influencer-Kampagnen für verschiedene Marken durchzuführen. Aufgrund der natürlichen Reichweite konnten diese Kampagnen die Benchmarks von YouTube und Instagram übertreffen. Aufgrund der emotionalen Verbindung von Musik ist es möglich, Inhalte mit einem Soundtrack zu verbinden. Dies kann zu einer Viralität beitragen, die stärker ist als Hashtags.

10. Soziale Medien machen wieder Spaß.

Tik-Tok zeichnet sich vor allem durch seine Benutzerfreundlichkeit, Authentizität und seinen Spaß aus. Das ist erfrischend in der Welt der sozialen Netzwerke von heute. Während Instagram eine bekannte Plattform ist, geht es dem jungen Publikum von Tik-Tok nicht darum, das perfekte Foto zu machen. Tik-Tok hat die sozialen Medien wieder unterhaltsam gemacht.

11. Große Bio-Reichweite.

Der Tik-Tok-Feed ist ähnlich wie Instagram Stories, und ich liebe es. Es fühlt sich intim an. Die Plattform wächst schnell und das Beste ist, dass sie eine riesige organische Reichweite und viel Potenzial hat, viral zu werden, genau wie Instagram in seinen frühen Tagen. Ich bin gespannt, wie sich diese Social-Media-Plattform in Zukunft entwickelt und wie viele Menschen sie für ihr Marketing nutzen werden.

Tik-Tok: Die neuesten Trends, die Ihre Social-Media-Strategie beeinflussen werden.

Der Tik-Tok-Boom ist nun voll im Gange. Tik-Tok wurde erstmals im Sommer 2018 in den USA verfügbar gemacht und hat inzwischen mehr als 6 Milliarden kumulierte App-Downloads generiert. Es hat auch 689 Millionen aktive Nutzer auf der ganzen Welt überschritten.

Nutzen Sie die kurzen, einfachen Anleitungen.

Laut Vidyard's 2021 Vid Benchmarks Report, sind Produktdemos die beliebtesten Arten von Videos, die von Unternehmen erstellt werden. Gefolgt von How-to-Videos, das sind Erklärungen. Mehr als 85 Milliarden Menschen sehen sich Tik-Toks an. #LearnOnTikTok. Das zeigt, dass diese Art von Videos gut auf die Plattform hochgeladen werden können. Es zeigt auch, dass die Menschen begierig sind, mehr zu lernen, und zwar auf jeder Social-Media-Plattform. Tik-Tok hat ein Zeitlimit von 60 Sekunden, um Ihre Botschaft zu vermitteln. Daher verwenden die Ersteller Abkürzungen, prägnante Voice-over-Anweisungen und scharfe Grafiken, um zusätzliche Informationen zu vermitteln.

Sie sollten Zugang zu Ihren Inhalten haben.

Barrierefreiheit ist ein wichtiger Aspekt bei allen von Ihnen verwendeten Medien, nicht nur bei Videos. Schätzungen zufolge haben 15 % der Weltbevölkerung eine Behinderung. Daher müssen alle Marken dafür sorgen, dass jeder auf ihre Inhalte zugreifen kann. Tik-Tok ermöglicht es Menschen mit Behinderungen, mit falschen Vorstellungen aufzuräumen und eine Seite der Behinderung zu zeigen, die die meisten Nutzer noch nie gesehen haben. Die Text-to-Speech-Funktion von Tik-Tok ist eine weitere nützliche und beliebte Funktion, die es Menschen mit Sehbehinderungen ermöglicht, Videos anzusehen. Diese Funktion kann auch auf anderen Plattformen genutzt werden. Benutzer der Sprout Social Publishing Suite können Bildern, die sie auf Facebook, Twitter und LinkedIn posten wollen, einen beschreibenden Alt-Text hinzufügen. So können Menschen mit eingeschränktem Sehvermögen Bildschirmlesegeräte verwenden, um die Bedeutung des Bildes zu interpretieren.

Nutzen Sie soziale Medien, um Einflussnehmer und von Nutzern erstellte Inhalte zu nutzen.

Es ist eine großartige Gelegenheit, um auf dem Influencer-Markt Fuß zu fassen. Tik-Tok ist ein Inkubator für die Influencer-Kultur, der es Kreativen ermöglicht, innerhalb weniger Minuten mit Millionen von Menschen in Kontakt zu treten. Dazu braucht man weder eine Studioausrüstung noch die Produktion hochwertiger

Inhalte. Pura Vida Armbänder haben weniger als 300.000. Dem stehen 2,1 Millionen Instagram-Follower gegenüber. Das Unternehmen hat sich die Popularität von Charli zunutze gemacht, indem es mit dem besten Freund von Tik-Tok, Charli, zusammenarbeitet, der über 112 Millionen Follower hat. Dadurch konnte das Unternehmen seine Reichweite vergrößern. Charli's Pura Vida Bracelets Pack wurde von Tik-Tok angekündigt.

Schlüsselwörter zur Überwachung der Marke und für mehr Tik-Tok-Takeaways.

Auf Tik-Tok und anderen Social-Media-Kanälen können Nutzer ihre Gedanken, Meinungen und Bedenken frei äußern. Sie werden neugierig sein, ob Ihre Marke auf ihrem Radar ist. Remi Bader, ein 25-jähriges Kurvenmodel, hat sich einen Namen gemacht, indem sie "realistische Hauls" durchführt: Sie zieht Kleidung an und gibt ehrliches und lustiges Feedback. Remi ist eine Frau, die nach den Standards der Modeindustrie größer ist als der Durchschnitt. Sie wünscht sich Kleidung, die Frauen aller Formen und Größen passt. Sie markiert oft Marken auf Tik-Tok, die Hashtags verwenden oder eine Präsenz haben. Sie hofft, dass die Marken auf sie aufmerksam werden und sehen, dass sie ihre Kleidergrößen verbessern.

Fordere deine Tik-Tok-Herausforderung.

Du hast wahrscheinlich schon von dem viralen Moment von Ocean Spray gehört, als Nathan Apodaca (AKA doggface208) ein Tik-Tok-Bild von sich gepostet hat, auf dem er seinen Saft schlürft, während er Skateboard fährt und dabei "Dreams" von Fleetwood Mac hört."

Tik-Tok Trends spielen und Spaß haben!

Die Beliebtheit von Tik-Tok ist darauf zurückzuführen, dass es auf der Plattform nie langweilig wird. Die Nutzer sind ständig auf der Suche nach neuen Möglichkeiten, die Tools der Ersteller zu nutzen, was zu einer ständigen Flut von Ideen führt. So finden Sie Tik-Tok-Trends für Ihre Marke: Richten Sie Ihre Aufmerksamkeit auf Ihre Kunden und zeigen Sie Ihre Authentizität für die Tester von Videoinhalten im Creator-Stil; es gibt keine Lösung für die Instagram Reels. Tik-Tok-Debatte. Jedes Video und jeder Social-Media-Kanal hat seine Stärken. Es geht vor allem darum, Konsistenz zu wahren, zielorientiert zu sein und mit Ihren Zuschauern im Einklang zu bleiben.

Kapitel 10

Vorteile und Nachteile von Tik-Tok.

Die wichtigsten Vorteile von Tik Tok:

- Endlose Unterhaltung
- Tik Tok könnte dir einen Namen machen
- Das Bearbeiten von Tik Tok-Videos ist für jeden möglich
- Die Mega-Fan-Basis, sowie die Anhängerschaft
- Ihr Unternehmen zu promoten ist eine großartige Option
- Versammeln Sie sich mit Freunden
- Es sind keine besonderen Fähigkeiten erforderlich
- Die Nachteile der Tik-Tok Video App:
- Gefälschte Konten und Betrug
- Clickbait-Methoden
- E-Mail-Betrug
- Übermäßiger Gebrauch und Sucht
- Hassreden, beleidigende Inhalte
- Zeit wird verschwendet
- Werkzeug der Belästigung.

Die großen Vorteile der Tik Tok-App.

Dies sind nur einige der vielen Gründe, die die Vorteile der Tik-Tok-App für Sie sichtbar machen. Auch wenn Sie vielleicht nicht zustimmen, ist die App derselbe Weg.

1. **Endlose Unterhaltung.**

Um andere zu unterhalten, teilen viele Nutzer witzige Bearbeitungen von Videos. Mit Tik Tok können Sie Spaß haben, sich entspannen und Stress abbauen. Sie haben unendlich viele Möglichkeiten zur Unterhaltung.

2. **Tik Tok könnte bekannt machen.**

Tik Tok-Videoclips haben die Aufmerksamkeit vieler aufstrebender Talente auf sich gezogen. Es ist beliebt bei Stars wie Amy Smart, Ashley Tisdale und den Jonas Brothers. Folgen Sie Ihren Lieblingsstars, und Sie werden sehen, wie sie ihre Beiträge mit anderen teilen. Es ist fantastisch, seine Talente online zu präsentieren und ein weltweites Publikum zu erreichen.

3. **Jeder kann Tik Tok Video bearbeiten.**

Für die Anwendung müssen Sie kein Experte für die Bearbeitung von Videos oder das Hinzufügen von Hintergrundmusik sein. Sie ist einfach zu bedienen und ermöglicht es Ihnen, Audio und Videos zu bearbeiten. Diese App ist in über 150 Sprachen in 75 Ländern verfügbar. Aus diesem Grund lieben Kinder sie.

4. **Nach.**

Es spielt keine Rolle, wo Sie leben; Sie können trotzdem mit Menschen in Kontakt treten, die dieselben

Interessen teilen, und Ihre Fans und Anhängerschaft vergrößern. Das wird Ihre Sichtbarkeit und Ihr Interesse erhöhen. Die Tik Tok App kann auch für die Kommunikation mit anderen genutzt werden.

5. Die beste Option für Unternehmensförderung.

Die Tik-Tok App bietet viele Vorteile, darunter auch die Förderung Ihres Unternehmens. Wenn Sie als Freiberufler oder Videoblogger tätig sind, können Sie die App nutzen, um Ihr Geschäft auszubauen. Um potenzielle Kunden zu gewinnen, erstellen Sie eine 15-sekündige Werbebotschaft und laden Sie sie auf Tik Tok hoch. Tik Tok ermöglicht es Ihnen, alle Aspekte Ihres Unternehmens über soziale Netzwerke zu verwalten. Was brauchen Sie mehr von einer App, die Ihre Marke fördert? Start-ups können ihre Produkte und Dienstleistungen mit einem klaren, hochwertigen Video bewerben.

6. Laden Sie Ihre Freunde ein.

Tik-Tok bietet die wichtigsten Vorteile, darunter die Möglichkeit, Gruppen zu erstellen oder Inhalte mit Ihren Freunden zu teilen. Es bietet viel mehr als Teilen und Texten. Sie können jedes Video sofort mit jedem teilen und jederzeit mit Freunden chatten.

7. Besondere Fähigkeiten.

Es sind die viralen Inhalte, die die Tik Tok Vid App so beliebt machen. Es ist nicht nötig, geschickter zu sein. Sie können alles machen, was Sie wollen. Ihre Ideen werden geteilt. Der Ruhm ist nur eine Stunde entfernt. Jeder braucht qualitativ hochwertige Inhalte.

Die Nachteile der Tik-Tok Video App.

Viele Medien haben sich trotz hitziger Debatten besorgt über die Nutzung der Tik Tok-Anwendung geäußert. Die Online-Speicherung kann sowohl positive als auch negative Auswirkungen auf persönliche Daten haben. Diese Tatsachen sollten nicht außer Acht gelassen werden, da sie sich auf das Image der heutigen App auswirken. Lassen Sie uns nun die möglichen Risiken im Zusammenhang mit der Tik-Tok-App diskutieren.

1. **Betrügereien und gefälschte Konten.**

Es erhält weltweit immer mehr Aufmerksamkeit. Einige Nutzer fanden heraus, dass Tik Tok es ihnen ermöglicht, sich als eine andere Person auszugeben und ihre Rechte zu missbrauchen. Nutzer berichteten, dass sie über Tik-Tok zu Dating-Betrügereien für Erwachsene geschickt wurden. Eltern sollten besorgt sein, denn dies wirft Fragen über die Nutzung der App mit Kindern unter ihrem Alter auf.

2. **Clickbait-Methoden.**

Werbung ist in Freeware erlaubt. Manche Freeware kann lästige Werbung enthalten, die es Ihnen schwer macht, zu bezahlen. Viele Websites versuchen, mit Betrug und Lockangeboten Geld zu verdienen. Beliebte Plattformen locken eher Kunden an als andere und verleiten sie dazu, Geld auszugeben. Es ist unmöglich, die Datenschutzrichtlinien oder Geschäftsbedingungen der Plattform zu erfahren. In jeder App, die Sie installieren, können Anzeigen und Werbeinhalte enthalten sein.

3. **Betrug.**

Im Dezember 2019 wurde einfacher chinesischer E-Mail-Betrug aufgedeckt. Dieser Vorfall führte dazu, dass die US-Armee strenge Maßnahmen gegen die Verwendung von Tik-Tok durch Regierungstelefone ergriff. Tok-Tok, eine App, die eine Teilmenge der ursprünglichen App war, die für den Vorfall verantwortlich war. Die Kopie der App enthielt sensible Informationen über die Militäroperationen der USA gegen Qasem Solimani, den iranischen Militärführer.

4. Sucht und Überbeanspruchung.

Da sie mehr Inhalte speichern kann, sind junge Menschen von dieser App besessen. Tik-Tok ist ein beliebter Aufbewahrungsort für Videos und ist bei allen Altersgruppen beliebt. Die Video-App von Tik-Tok ist bei Kindern sehr viel beliebter. Sie kann auch bei Eltern Stress verursachen.

5. Hassrede und Inhalt.

Sie teilen auch andere Dinge. Viele Menschen teilen auch beleidigende, gewalttätige und sensibilisierte Inhalte. Die Jerusalem Post veröffentlichte einen Artikel, der terroristische Angriffe auf israelische Einwohner zeigt. Das brachte die App in eine äußerst gefährliche Lage. Tik-Tok entfernte das Video kurz darauf, aber es alarmiert andere weltweit. Denn niemand weiß, wie es um die Sicherheit Ihrer Kinder bestellt ist. Wired berichtete auch über eine Situation in der südlichen Region Indiens. Ein Mann hat seinen Protest gegen eine Gruppe (die Dalits) nur wenige Tage nach der Ermordung eines anderen Mitglieds der benachteiligten Kaste live gestreamt.

6. HTML3_ Gesamtzeit.

Sie wollen nicht endlos durch Videos scrollen. Die meisten Menschen wollen schnelle Unterhaltung und Amüsement. Denken Sie daran, dass man 15 Sekunden braucht, um etwas zu lernen. Tik-Tok bietet keine Bildungsinhalte.

Was passiert, wenn Ihre Sinne nach dem Anschauen von Tik-Tok-Videos wieder verbunden sind? Sie werden feststellen, dass das Ansehen von Clips effektiver ist als die Teilnahme an Live-Aktivitäten. Es ist am besten, die Zeit, die Sie mit der Anwendung verbringen, zu begrenzen, damit Sie nicht in Apathie verfallen.

7. Instrument der Belästigung.

TikTok kann Menschen in den USA, Indien und Großbritannien belästigen. Menschen nutzen die App oft, um erniedrigende oder beleidigende Äußerungen über andere zu machen. Das kann zu einer ungenauen Wahrnehmung führen. Es zwingt Sie auch dazu, über die negativen Auswirkungen von beleidigenden Kommentaren auf andere Nutzer oder eine bestimmte Gruppe von Menschen nachzudenken.

Schlussfolgerung.

Kurz gesagt, Tik-Tok ist eine unterhaltsame, ansprechende, unterhaltsame und süchtig machende Anwendung, die sich zunehmender Beliebtheit erfreut. Die Tik-Tok-App kann auch das nächste große soziale Netzwerk und die nächste Marketing-Plattform sein. Es gibt keine spezielle Methode, mit der Tik-Tok-Nutzer Geld mit ihrer Popularität über die App verdienen können. Da die Zahl der Aufrufe atemberaubend groß ist, werden die meisten Nutzer sie ermutigen, auf andere Websites oder Plattformen zu gehen, um Geld zu verdienen.

Die Schöpfer von Tik-Tok können Hyperlinks zu Instagram und YouTube in ihren Profilen veröffentlichen. Das macht es einfacher, Crossover-Follower zu bekommen. Im Falle von Tik-Tok-Prominenten besteht ihr Hauptziel darin, genügend Follower und Anerkennung zu erhalten, um mit Marken und anderen Medien zusammenzuarbeiten. Das Hauptziel von Tik-Tok-Marken ist es, neue Zielgruppen zu gewinnen. Während einige Marken erfolgreich waren, ist es unklar, ob kleinere Unternehmen auf der Plattform das gleiche Publikum ansprechen können. Die Entwicklung des mobilen Marketings über Plattformen wie Instagram und Snapchat hat bewiesen, dass man mit der richtigen Zielgruppe alles erreichen kann. Wenn Sie ein Unternehmen oder ein persönliches Image haben, das Videos erstellt, lohnt es sich, Tik-Tok beizutreten und zu erkunden. Alle Daten von Tik-Tok deuten auf ein anhaltendes Wachstum bis zum Jahr 2022 und sogar darüber hinaus hin. Während die Tik-Tok-App reift, wird sie für Werbung sorgen, und die Werbemöglichkeiten werden bei den Methoden, die Unternehmen zur Online-Vermarktung ihrer Produkte einsetzen, wahrscheinlich an Bedeutung gewinnen. Die Nutzung jeder Social-Media-Plattform kann gefährlich sein. Kinder können die App jedoch sicher nutzen, wenn sie von einem Erwachsenen beaufsichtigt werden (und ein separates Konto haben). Wenn du dich bei Tik-Tok anmeldest, wird dein Konto standardmäßig öffentlich, d. h. jeder kann deine Videos sehen, dir direkte Nachrichten schicken und auf deine Standortdaten zugreifen. Eltern müssen die Datenschutzeinstellungen für die Konten ihrer Kinder aktivieren, damit nur du und deine Freunde deine Videos oder Nachrichten über die Anwendung sehen können. Das bedeutet, dass Sie ein Konto mit einem privaten Passwort wählen oder die Einstellungen für Reaktionen, Duette, Kommentare und Nachrichten für "Freunde" statt für "Alle" ändern müssen. Sie können diese Funktionen auch vollständig entfernen.

Mit der zunehmenden Beliebtheit von Tik-Tok wurden auch Bedenken hinsichtlich seiner Gefahren geäußert. Die überwiegende Mehrheit der Tik-Tok-Nutzer sind GenZ, ein Begriff, der Menschen zwischen 14 und 24 Jahren beschreibt. Aus diesem Grund müssen viele Eltern die Risiken unangemessener Inhalte, die auf Tik-Tok gepostet werden, kennen und ihre Kinder darüber aufklären, wie sie sicher und informiert bleiben können, wenn sie online sind. In den Gemeinschaftsrichtlinien von Tik-Tok heißt es, dass sich die Video-Sharing-Anwendung der Sicherheit von Kindern "zutiefst verpflichtet" fühlt. Sie hat "null Toleranz" für Verhalten, das zu sexuellem Missbrauch oder Ausbeutung von Kindern führen könnte. Im Februar 2020 kündigte Tik-Tok eine neue Reihe von Optionen zur elterlichen Kontrolle an, die als "Family Safety Mode" bekannt sind. Der Familiensicherheitsmodus von Tik-Tok soll es Eltern ermöglichen, die Nutzung von Social-Media-Anwendungen durch ihre Kinder einzuschränken. Die elterliche Kontrolle umfasst Direktnachrichten, Einschränkungen der Bildschirmzeit und einen "eingeschränkten Modus", der die Anzeige anstößiger Inhalte einschränkt. Der eingeschränkte Modus von Tik-Tok ermöglicht es aktiven Nutzern, auf ein separates Konto umzuschalten, so dass Sie die Anfragen neuer Follower annehmen (oder ablehnen) können. Das private Tik-Tok-Konto erlaubt nur aktiven Nutzern und zugelassenen Nutzern den Zugriff auf Ihre Inhalte. Standardmäßig ist Ihr Tik-Tok-Konto auf öffentlich eingestellt. Damit kann Tik-Tok Ihre Videos hochladen, Nutzer kommentieren und reagieren lassen oder kurze Video-Duette mit Ihren Inhalten erstellen.

Tik-Tok-Algorithmus. Jeder, der ein Tik-Tok-Konto hat, kann Videoinhalte erstellen, die die Musik seiner Wahl, Filter, die es nur bei Tik-Tok gibt, oder sogar visuelle Effekte enthalten. Die Idee ist, Videos zu erstellen, die den Betrachter sofort in ihren Bann ziehen, damit er nicht weiter scrollt und sich konzentriert. Je länger sich ein Nutzer mit dem Video eines bestimmten Tik-Tok-Erstellers beschäftigt, desto wahrscheinlicher ist es, dass es viral wird. Die Tik-Tok "For You"-Seite ist die beliebteste Seite auf Tik-Tok, auf der die Nutzer die neuesten Inhalte entdecken können, die durch den Algorithmus von Tik-Tok geliefert werden. Jedes Mal, wenn der Tik-Tok-Nutzer die App startet, ist die erste Webseite, die er sieht, die "For You"-Seite. Wie bei Apps wie Twitter und Instagram wird ein Großteil des Tik-Tok-Dienstes von den aktuellen Trendthemen sowie von Hashtags bestimmt, mit denen die Nutzer nach den neuesten Inhalten suchen können.

Obwohl der typische Tik-Tok-Ersteller zur Generation Z gehört, gewinnt Tik-Tok immer mehr Nutzer. Jüngsten Untersuchungen zufolge sind fast 38 % der Nutzer von Tik-Tok in den USA älter als 30 Jahre. Wenn Sie ein Unternehmen führen, könnte Tik-Tok-Marketing ein ausgezeichneter Kanal für das Image Ihres Unternehmens sein. Allein im Jahr 2020 gibt es auf der Social-Media-Plattform für kleine und mittlere Unternehmen nur sehr wenig Konkurrenz für Unternehmen. Seien Sie sich darüber im Klaren, dass je intimer Ihr Unternehmen ist, desto mehr Menschen werden sich mit ihm identifizieren. Beim Tik-Tok-Marketing geht es nicht um den Verkauf, sondern darum, Vertrauen in Ihre Marke zu schaffen.

Wenn Sie einige interessante Details über Ihr Team und einen Überblick über Ihr Unternehmen mitteilen, können sich die Menschen mit Ihrem Unternehmen vertraut machen. Eine weitere gute Strategie ist es, über die Ziele Ihrer Marke zu sprechen und darüber, was für Ihr kleines Unternehmen am wichtigsten ist. So können potenzielle Kunden die Beweggründe des Unternehmens besser verstehen. Eine weitere Methode, Ihr Unternehmen über Tik-Tok zu vermarkten, besteht darin, mit einer einflussreichen Person zusammenzuarbeiten. Das Wachstum der Tik-Tok-Influencer hat gezeigt, dass die

Nutzer, die die Plattform verwenden, an ihren Inhalten interessiert sind. Jeder tägliche Tik-Tok-Nutzer hat einen Lieblingsersteller von Inhalten.

Dieses Buch ist Teil einer fortlaufenden Sammlung mit dem Titel "Social Media Influence."

1. Steigern Sie Ihren Social Media Einfluss auf Facebook.
2. Steigern Sie Ihren Einfluss in den sozialen Medien auf YouTube.
3. Erhöhen Sie Ihren Einfluss in den sozialen Medien auf Instagram.
4. Erhöhen Sie Ihren Einfluss in den sozialen Medien auf TikTok.
5. Steigern Sie Ihren Social Media-Einfluss auf Reddit.
6. Erhöhen Sie Ihren Social Media-Einfluss auf Pinterest.
7. Erhöhen Sie Ihren Social Media Einfluss auf Twitter.
8. Erhöhen Sie Ihren Social Media-Einfluss auf LinkedIn.
9. Erhöhen Sie Ihren Einfluss in den sozialen Medien auf WhatsApp.
10. Erhöhen Sie Ihren Social-Media-Einfluss auf Snapchat.

Bitte schauen Sie bei Amazon nach weiteren Büchern aus dieser Sammlung.

Autor Bio

Aaron Cockman. Aaron liest gerne und lernt gerne mehr darüber, wie man in den sozialen Medien profitabel sein kann. Deshalb beschloss sie, über etwas zu schreiben, das sie mit Leidenschaft verfolgt. Weitere Bücher werden in dieser Sammlung folgen, also folgen Sie ihr auf Amazon für weitere Bücher.

Danke, dass Sie dieses Buch gekauft haben.

Ich weiß es wirklich zu schätzen und schätze Sie, meinen hervorragenden Kunden.

Gott segne Sie.

Aaron Cockman.

www.ingramcontent.com/pod-product-compliance
Lightning Source LLC
Chambersburg PA
CBHW070118230526
45472CB00004B/1310